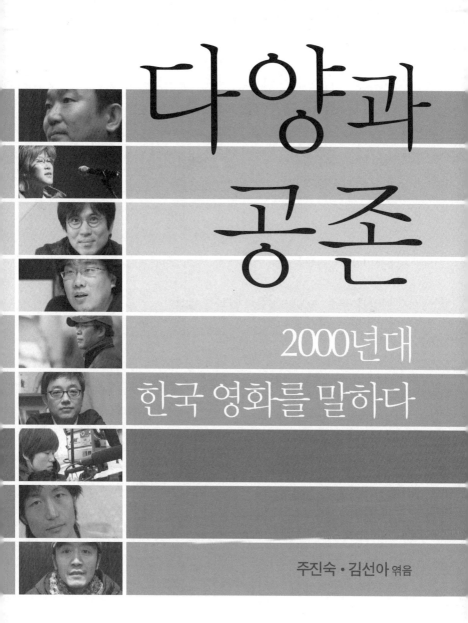

다양과 공존

2000년대
한국 영화를 말하다

주진숙 · 김선아 엮음

올력

ⓒ 2011 주진숙, 김선아, 울력

다양과 공존, 2000년대 한국 영화를 말하다

엮은이 | 주진숙, 김선아

펴낸이 | 강동호

펴낸곳 | 도서출판 울력

1판 1쇄 | 2011년 5월 31일

등록번호 | 제10-1949호(2000. 4. 10)

주소 | 152-889 서울시 구로구 고척로4길 15-67(오류동)

전화 | (02) 2614-4054

FAX | (02) 2614-4055

E-mail | ulyuck@hanmail.net

값 | 12,000원

ISBN | 978-89-89485-85-8 03680

2011년에 2006년 한국 영화를 기억하기

영화를 꼼꼼히 보고 그 영화를 만든 사람들과 얘기를 나누는 것은 영화를 공부하는 사람들에게 아마도 가장 유익하고도 행복한 시간일 것이다. 특히 영화를 보고 흔치않은 정서적 경험을 하고 난 뒤 나누는 대화는 영화가 주는 의미의 폭을 더욱 넓혀주며 영화를 넘어선 또 다른 세계를 창조하게 만든다. 그렇게 영화는 허구의 세계를 감싸 안은 더 넓은 영역으로, 우리가 사는 세상의 현실과 경험을 반추하는 관념의 세계로 되어 간다. 그래서 한 편의 영화는 허구에서 현실로, 또 현실에서 관념으로, 그 관념들은 다시 우리가 현실을 가늠하는 거울이 된다. 영화는 현실을 바라보는 기호들의 합이며, 의미의 복합체가 되는 것이다.

　2006년 중앙대학교 영화학과에서 가졌던 감독들과의 인터뷰는 우리에게 이러한 경험을 남겨주었다. 블록버스터 영화를 만든 이들에서부터 사적인 다큐멘터리를 만든 이들까지 우리에게 남겨준 것은 우리의 삶과 사고를 움직이는 거대한 힘을 영화가 여전히 갖고 있다는 것이며, 그러한 힘은 영화를 자신의 삶의 숙제를 풀어가는 매체로 생각하는 이들로부터 나온다는 것이다.

이 책이 담은 영화인들과의 대화는 2006년 가을 중앙대학교 영화학과에서 이루어진 것이다. 당시 교육인적자원부가 시행한 수도권 대학 특성화 사업의 일환으로 이루어진 이 프로그램은 정규 교과 과정에서 제공하기 어려운 기회를 학생들에게 주었다. 영화잡지 『필름 2.0』과 함께 2006년에 발표되었거나 화제가 된 작품들의 감독 혹은 제작자들을 초청하여 영화 비평의 장을 풍성하게 열어보는 것이 이 프로그램의 목표였다. 『필름 2.0』의 비평가들이 사회 및 토론으로 대화를 이끌었고, 활동 중인 평론가들 또한 토론자로 대거 참여해 주었으며, 학부 및 대학원 학생들은 객석에서 대화에 적극 참여했다. 학부생과 대학원생들은 미리 영화를 보고 질문을 담은 글을 이메일로 제출, 감독들을 비롯한 토론자들로 하여금 토론에 앞서 질문들을 읽고 답변을 준비하거나 대화를 진행하도록 하였다. 학생들은 질문을 작성하기에 앞서 해당 영화에 관한 잡지 기사 및 각종 정보를 이미 숙지한 상태였기 때문에, 대부분의 질문들은 여러 겹의 생각의 울타리를 돌면서 묵힌 것들이었다. 대화의 내용은 영화학자, 영화감독, 영화과 학생들이 주체가 되어 이루어진 것이기에 조금은 전문적이고 조금은 더 영화 텍스트 자체에 비중을 둔 질문이 많으리라 여겨진다. 또한 영화감독들과 한 대화이기에 영화에서의 감독의 관점과 역할에 더 초점이 맞춰져 있는 것도 사실이다. 그러나 독자가 만약 자신이 본 영화에 대해 이야기하고 있는 대목을 이 책에서 발견한다면, 영화를 본 다음에 독자 자신이 느꼈던 호기심과 갈증 그리고 여운 등을 이 책을 통해서 어느 정도 풀 수 있으리라 여겨진다.

2006년은 한국 영화 산업의 역사에서 특별히 기록될 만한 시기는 아니었다. 그러나 영화 산업의 '위기'라며 영화계가 한껏 위축된 이 시점에서 회고해 보면, 그해는 2000년 들어 한국 영화들이 세계적으로 인정받고, 흥미로운 작품들이 쏟아져 나오고, 한국 영화에 대한 관객들의 기대 또한 최고치를 넘어섰던 시기를 살짝 지나간 때라고 할 수 있다. 발표되는 대부분의 영화들이 어느 정도 질적인 수준을 담보하고 있었으며, 질적인 수준을 넘어서서 다양한 스타일의 영화들까지도 제작이 용이했던 시기였다. 한마디로 안정적인 풍요로움 이후의 실험과 개성의 표출이 가능했던 시기라고 할 수 있다. 지금의 제작 투자 현실에서는 제작이 불가능해 보이는 영화들이 그때는 등장했던 것이다. 그래서 2006년의 한국 영화들을 되돌아보면, '아, 그런 때도 있었구나'라고 생각할 만큼 실험적이면서도 한국 영화의 뿌리를 더욱 튼실하게 했던 작품들이 있었다. 이 대화에 들어 있는 영화들은 한국 영화의 정점을 지난 어떤 특정한 순간에 대한 기억이라고 할 수 있을 것이다.

　대화가 끝나고 너무 많은 시간이 흘렀다. 대화는 녹음을 한 후 이를 그대로 푼 자료로만 남아 있었다. 그러나 대화의 내용이 너무 소중하고, 열정적으로 대화에 임해 준 영화감독을 비롯해서 그 자리를 함께한 사람들의 목소리를 사장시키는 것 같아서 다시 책으로 엮기로 했다. 출판사를 구하고도 또 시간이 많이 흘렀다. 무엇보다도 우리의 게으름 때문에 이 대화의 가장 큰 덕목인 시의성을 놓쳐 버린 게 가장 아쉬운 대목이다. 그럼에도 불구하고 이 책을 내는 이유는 우리가 선택한 영화인들의 시각과 통찰이 그리 가볍지만은 않고, 그들의 '과거'의 말이 '현재'의 한국 영화를 비추는 일종의 거울로 작용할 수 있을 거라 여겼기 때문이다. 우리가 게으름을 부리는 동안 이 책에 등장하는 대부분의 감독님들은 새로운 작품들을 내놓았다. 그 작품들 또한 염두에 두고 이 책의 대화를 읽으면 과거와 현재가 겹쳐지면서 사뭇 흥미로운 점들을 발견할 수 있을 것이다.

학생들과의 만남에 기꺼이 응해주고 열정적으로 대화에 임하여 그 만남을 더욱 풍성하게 해준 영화인들, 윤종찬 감독, 김태용 감독, 봉준호 감독, 이재용 감독, 김동원 감독, 경순 감독, 이혜란 감독, 최하동하 감독, 김일권 프로듀서에게 이 늦은 결과물에 대한 미안함과 함께 고마움을 전한다. 그리고 쉴 새 없이 쏟아져 나온 모든 말들을 머리를 쥐어짜며 녹취를 풀어 기록해 준 심혜경과 조혜영에게도 고마운 마음을 전하고 싶다. 최종 교정을 함께 해준 김경태에게도 고맙다는 말을 전한다.

주진숙, 김선아

다양과 공존

2000년대 한국 영화를 말하다

차례

김동원 / 경순

〈송환〉과 〈쇼킹 패밀리〉

김동원

이장호, 장선우, 하명중 감독 등의 연출부로 영화 일을 시작했다. 방송국 촬영 아르바이트를 하다 상계동 빈민촌 철거 현장의 모습에 충격을 받고 그들의 투쟁에 동참하면서 다큐멘터리 〈상계동 올림픽〉을 완성했다. 1991년 '푸른영상'을 설립하여 한국 다큐멘터리 역사에서 중요한 작품들을 지속적으로 제작하고 있다. 〈송환〉으로 미국 선댄스영화제 표현의 자유상을 수상했다. 독립영화협의회 의장, 한국민족예술총연합 영화위원장, 한국독립영화협회 이사장 등을 역임하였다. 현재 한국예술종합학교 영상원 방송연출학과 교수를 맡고 있다.

〈끝나지 않은 전쟁〉(2008)
〈다섯 개의 시선〉(2005) / 〈종로, 겨울〉(2005)
〈송환〉(2004)
〈한사람〉(2001)
〈또 하나의 세상 — 행당동 사람들 2〉(1999)
〈명성, 그 6일의 기록〉(1997)
〈하나가 되는 것은 더욱 커지는 일이다〉(1995)
〈행당동 사람들〉(1994)
〈미디어 숲 속의 사람들〉(1993)
〈벼랑에 선 도시빈민〉(1990)
〈상계동 올림픽〉(1987)

경순

1998년에 독립 영화 제작사 '빨간눈사람'을 최하동하 감독과 함께 창립했다. 〈민들레〉로 부산국제영화제 운파상을 비롯, 서울다큐멘터리영화제 대상 등을 수상하면서 세상에 알려졌다. 국가주의에 대한 신랄한 풍자와 해학을 담은 영화 〈애국자 게임〉은 한국독립영화협회로부터 올해의 독립영화상을 받았고, 인디포럼에서 관객상을 수상했다. 이후 2003년에 국가 기관인 의문사진상규명위원회의 활동을 기록한 영화 〈사람은 무엇으로 사는가〉로 부산국제영화제 운파상, 서울독립영화제 우수상을 수상했고, 2006년에는 가족주의를 유쾌하게 비판적으로 고찰한 영화 〈쇼킹 패밀리〉로 전주국제영화제 관객비평가상과 서울국제여성영화제 옥랑상, 그리고 미국의 The Society for East Asian Anthropology에서 수여하는 David Plath Media Award를 받았다. 그리고 현재 2011년에 완성될 〈레드마리아〉를 편집중에 있다.

〈레드마리아〉(2011)
〈쇼킹 패밀리〉(2006)
〈사람은 무엇으로 사는가〉(2003)
〈애국자 게임〉(공동 연출: 최하동하, 2001)
〈민들레〉(공동 연출: 최하동하, 1999)

경순 감독, 김동원 감독과의 대담은 다른 대담보다 더 토론 형식을 띠었다. 논평에 가까운 질문들이 대부분이어서 질문하는 사람이나 대답하는 사람 모두 다큐멘터리와 그것이 담은 현실을 함께 고민하는 자리였던 것 같다. 그래서 한 번의 질문과 한 번의 대답 형식으로 이어지는 게 아니라, 대화하듯이 질문과 대답이 서로 맞물리면서 이어졌다. 감독의 대답보다 길거나 그와 비슷한 분량의 논평이 많았기에 극영화 감독들과는 다른 형식의 대담을 구성하게 되었다. 질문과 내용에 각각의 감독을 호명하고 있어 굳이 두 감독을 명시할 필요는 없다고 판단해서 구분하지 않았다. 토론을 살리기 위해 감독의 말보다 토론자의 말이 긴 부분도 그대로 실었다.

〈송환〉과 〈쇼킹 패밀리〉는 당시 각종 영화제에서 화려한 수상 경력을 갖고 있는 유명 다큐멘터리였고, 이를 만든 김동원 감독과 경순 감독 또한 한국 독립 다큐멘터리의 역사를 계속해서 새로 쓰고 있는 연륜 있는 감독들이다. 우리는 극영화 중심의 영화에 대한 상상을 깨뜨리고 싶어 이들을 초청했다. 〈괴물〉을 비롯해서 다양한 장르 영화가 허용되던 극영화만큼 다양했던 당시의 다큐멘터리를 엿볼 수 있을 것이다.

매개로서의 감독

> 〈쇼킹 패밀리〉는 경순 감독과 몇몇 제작진들의 가족 이야기를 담고 있는 다큐멘터리입니다. 작품 안에 본인의 개인사를 드러내는 것이 불편하지 않았나요.

상품 가치를 더 높이기 위해 자기를 광고할 수 있는 연예인이 아닌 일반 사람들이 자신을 스스로 드러낸다는 것은 쉽지 않은 일입니다. 쉽지 않기 때문에 제작 초기부터 카메라를 들이대는 저희들이 먼저 열려 있어야 된다는 생각을 많이 했었습니다. 〈쇼킹 패밀리〉는 이전에 만들었던 〈애국자 게임〉이나 〈사람은 무엇으로 사는가〉와는 그 접근법에 있어서 많이 다릅니다. 이전 작품들에서는 공권력에 다가가서 그 공권력을 실행하는 사람들의 입을 열게 하고, 그들과 충돌을 일으키는 다른 무언가를 삽입하는 방식을 취했습니다. 한마디로 국민의 권리라는 시각에서, 다소 무례할 정도로, 적극적인 자세로 카메라의 위치를 잡을 수 있었죠. 그러나 〈쇼킹 패밀리〉의 경우 무방비 상태의 사적인 개인에게 카메라를 대야 하는 것이라, 일단 관계로부터 출발하는 자세가 필요하다는 생각을 하게 됐습니다. 그러자면 일단 나부터 그리고 영화를 만드는 우리부터 솔직해야 한다는 생각이 들어서, 제작 초기부터 우리들 스스로에게 먼저 카메라를 들이대는 방식을 취하게 됐죠. 일단 우리들 스스로에게 카메라를 들이대기 시작하니, 남에게 접근할 때에도 무엇이 필요한가를 느끼고 공감하게 되었던 것 같습니다.

> 〈송환〉 또한 처음부터 김동원 감독님이 직접 내레이션 원고를 쓰셨고,
> 본인과 장기수 분들과의 오랜 시간의 주관적인 기억들을 좇아가는 형
> 태를 띠고 있습니다. 이런 다큐멘터리들의 장점이랄까, 굳이 이런 방향
> 을 택했는지 그 이유를 듣고 싶습니다.

처음부터 주관적인 다큐멘터리를 만들겠다는 생각은 하지 않
았습니다. '송환' 과정만 천천히 따라갈까 했었는데, '송환' 이
너무 급격히 이루어졌고, 그러면서 지나간 사건이 되어버렸습
니다. 그래서 궤도를 수정해서 저와의 관계를 중심으로 한 등
장인물들의 이야기로 다시 구성안을 짰습니다. 그런데 듬성듬
성 찍어 놓은 이야기를 끌어가려고 보니 제 내레이션이 아니면
그것을 꿰기가 힘들겠더라고요. 사실 저는 그렇게 말을 잘 하
는 편이 아니라서 내레이션을 직접 한다는 생각을 해본 적도
없었는데, 나중에 내레이션을 직접 쓰면서 저의 목소리까지 집
어넣게 되었습니다. 저도 사실 주관적인 다큐멘터리를 알고 있
지만, 제가 그렇게 나서는 성격이 아니라 힘들었어요. 한편으
로, 주관성을 가미하는 것이 어떻게 보면 나의 이야기이니까
내가 당연히 주체가 된다는 것도 있지만, 크게 보면 80년대에
했던 대로 아주 객관적인 선동적 액티비즘activism(정치적 행동을
위한 행동주의) 다큐멘터리와 거리가 먼 것은 아니라고 생각합
니다. 어떻게 보면, 주관성을 드러냄으로써 오히려 선동성을

더 가질 수 있다는 거죠. 좀 더 솔직한 이야기를 함으로써 관객들에게 더 다가갈 수 있다는 의미로 본다면, 액티비즘의 방법론으로서 유용하다고 생각합니다.

일본의 가와세 나오미河瀨直美 감독처럼 아주 사적인 다큐멘터리만 하는 사람들도 있습니다. 그런 경우를 나르시시스트라고 할 수 있을까요. 자기를 드러내는 것을 좋아하고, 자기를 표현하는 데 다큐멘터리의 어떤 중요한 기능이 있다고 생각하는 사람들도 있지만, 그런 사적인 다큐멘터리와 주관적인 다큐멘터리는 다르다고 생각합니다.

〈송환〉을 보면, "어느 선까지 그분들과의 의견 차이에 개입을 해야 할 것인가" 하며 망설이는 부분이 나옵니다. 납북자 가족들이 왔을 때, 장기수 분들이 그들을 만나지 않는 것에 대해서 "이건 좀 너무했다"는 목소리가 나오는 부분이 그 예이지요. 본인이 등장을 하면서도 영화에 찍히고 있는 비전향 장기수 분들의 삶에 어느 선까지 개입해야 할까를 미리 치밀하게 생각했어야 했던 것 같습니다.

저는 별로 치밀하지 않습니다. 사실 어느 선 혹은 어느 기준까지라고 정하기는 힘들다고 생각합니다. 너무 다양한 경우들이 있기 때문에 기준을 세우기는 불가능하다고 생각합니다. 예를 들면, 북한에 대한 언급이나 비전향 장기수 선생들에 대한 언급, 그리고 납북자 가족들과 관계된 내레이션을 할 때 조금 망설이는 것이 있었죠. 그때는 일단 비전향 장기수 분들이 이 영화의 공동 제작자라고 생각했기 때문에 그분들을 너무 불편하게 하면 안 된다는 기준을 먼저 세웠습니다. 납북자 가족 문제 같은 경우, 어떻게 보면 제가 그분들에게 너무 차가웠다고 할까요? 꼭 그렇지만은 않았는데 말이죠. 제가 취한 태도를 굳이 얘기한다면, 그 점에 있어서만은 좀 양비론적인 입장이었습니다. 납북자 가족들 모임도 잘못한 것이 — 영화에서는 표현을 하지 못했지만 — 굉장히 많았었고, 장기수 선생님들의 경우도 제가 보기에 이해할 수 없는 부분들이 있었습니다. 그 부분이 좀 애매하게 처리되었습니다. 내레이션을 하지는 않았지만, 표정을 잡는다든가 하는 제 나름의 방식으로, 화면의 이미지를 통해 관객과 저의 느낌을 공유하고 싶었는데, 그게 잘되었는지는 모르겠습니다. 어떻게 보면, 약간 비겁했다고 할 수 있겠지만, 너무 민감한 문제이기 때문에 직접적으로 이야기하기가 힘들었습니다.

윤리라는 문제

〈송환〉은 주관이나 객관의 문제가 아니라 다큐멘터리가 흔히 갖고 있는 '대상에 대한 카메라의 윤리성' 이라는 문제로 볼 수 있는 것 같습니다. 〈송환〉에서 카메라가 접근하지 않는 순간들이 있어요. "마이크를 꺼낼까 말까 고민을 했다" 라는 내레이션이 직접 나오기도 합니다. 그 순간을 어색하게 만들까 봐 감독이 차마 마이크를 들이대지 못하는 다큐멘터리 감독의 윤리성은 무엇인지 궁금해지더군요. 또한 영화 초반부에 조창선 할아버지와 다른 분 사이에 앉아 있는 김동원 감독이 화면 중앙에 자리하고 있는 장면이 있습니다. 어떤 감독들은 자신이 반드시 찍어야 한다고 생각하는 순간을 놓치지 않으려고 합니다. 그러나 〈송환〉에는 인물들에 대한 예민함이나 정치적 성격 때문인지 몰라도, 주저하는 감독의 갈등의 순간이 화면에 많이 등장했던 것 같습니다.

사실 윤리적인 면보다는 그렇게 하지 않으면 촬영할 수가 없었던 상황적인 측면이 많이 작용했습니다. 그래서 망설임까지도 저한테는 자연스러운 것이었습니다. 제가 두 할아버지 사이에 앉아 있는 그 병실 장면은 원래는 NG 장면이었습니다. 제가 개입되어 있어서 사용하지 못하게 된 화면이었죠. 그런데 주관적인 내레이션을 구사하니까 그런 화면들이 굉장히 좋은 장면이 되더라고요. 잘못 촬영된 화면이 오히려 좋은 장면으로 변하게 된 거죠. 다큐멘터리의 윤리에 충실했다기보다 제작 과정을 군데군데 일부러 삽입시켜 놓았어요. 그래야 저와 '장기수들과의 관계가 좀 더 명확히 드러날 것이다'라는 생각으로 그런 장면들을 삽입한 겁니다. 사실, 모든 관객들이 〈송환〉을 좋아한 건 아닙니다. 한편(우파)에서는 너무 정치적이라고 비판하고, 다른 한편(좌파)에서는 너무 휴머니즘에 머물러 있다는 비판을 받았습니다. 그런 비판들을 종합해 보니, 〈송환〉은 너무 정치적이지도 못했고, 그렇다고 휴머니즘적이지도 않았다는 결론이 나오는데요, 그건 저의 한계라고 볼 수 있습니다.

그럼에도 저의 정치적 입장을 나름대로 드러내려고 애를 썼습니다. 감독은 언제나 감독 개인이기도 하지만 대상의 입장에 동화도 되어야 하고, 또 한편으로는 언제나 관객의 입장에서 봐야 된다고 생각합니다. 저는 〈송환〉의 주관객들을 '386세대'라고 생각하고, 그들의 공감을 얻는 데 중점을 두었습니다. 그들의 정치적 입장과 저의 정치적 입장이 비슷한 편이기 때문에, 그런 입장을 드러내면서도 이념만 가지고 풀 수 없는 여러 가지 것들이 있다는 생각을 영화에 넣었습니다. 그래서 약간은 정치적이면서 약간은 휴머니즘적인 그런 영화가 된 것 같습니다.

다큐멘터리의 윤리성에 대해서 이야기를 덧붙이고 싶습니다. 폴란드의 크지스토프 키에슬롭스키Krzysztof Kieslowski 감독은 〈첫사랑Pierwsza Milosc〉 (1974)이라는 다큐멘터리를 찍은 과정을 밝힌 적이 있습니다. 그 영화는 한 노동자의 삶을 따라가는데, 그 남자 노동자가 자기의 첫 아들을 안아 들고 눈물을 흘리고 있을 때, 키에슬롭스키가 카메라를 들이대면서 스스로 '외설스럽다'라고 느낍니다. 내가 이것을 찍어도 되나 하는 윤리적인 생각을 한 거지요. '이럴 거면 차라리 극영화를 만드는 것이 더 윤리적일 수 있겠다'는 생각을 하면서 극영화로 전향을 하게 됩니다.

마찬가지로, 현대 다큐멘터리도 대상에게 카메라를 밀착하면 할수록 외설적인 순간이 많습니다. 예를 들면, 텔레비전 프로그램인 〈지금 만나러 갑니다〉(KBS 〈해피 선데이〉의 해외 입양아 가족 상봉 프로젝트 코너로 2005년 5월 8일부터 2006년 1월 22일까지 방영)를 보면, 거의 포르노에 가깝다는 생각이 들 때가 있습니다. 입양아와 그 혈연 가족이 상봉

하는 걸 소재로 다룬 이 프로그램에서 한 어머니가 프랑스로 입양 간 딸을 만나러 가는 에피소드가 나옵니다. 입양된 딸은 프로그램에 안 나가겠다고 했다가 나가게 됩니다. 모녀의 상봉 장면은 공원 한가운데에 어머니를 두고 딸이 저 멀리에서 걸어오는 장면을 길게, 마치 눈물을 짜내듯 연출되는데, 그런 장면이 다큐멘터리를 표방한 외설이라는 생각이 든다는 겁니다.

두 분 감독님들의 영화가 그렇다는 것은 전혀 아니고, 감동이라는 이름 아래 또 다른 외설성의 문제가 발생한다는 거지요. 사람에게 어떻게 다가갈까에 대한 고민과 신중함, 대상을 포착해야 하는 목적에도 불구하고 대상을 위해 카메라를 거둘 수밖에 없는 그러한 결정들이 다큐멘터리에서는 가장 중요한 핵심이 아닌가 하는 생각이 듭니다.

주관적 다큐멘터리

〈쇼킹 패밀리〉의 가장 두드러진 특징은 다큐멘터리의 대상과 제작진 사이에 경계가 없다는 겁니다. 주관적인 관점에서 다큐멘터리에 개입하는 것을 넘어 아예 내 이야기로 주제를 풀어내는 것이 의미심장하면서도 어쩌면 굉장히 위험한 발상일 수도 있다는 생각이 드는데요.

저는 개인적으로 '모든 영화는 주관적이다'라고 생각하는 사람입니다. 단지 '다큐멘터리에서 거리두기를 어떻게 하는가, 혹은 표현을 어떻게 하는가'의 문제이지 객관과 주관이 분리되어 있다고 생각하지 않습니다. 〈쇼킹 패밀리〉에서 우리의 이야기부터 시작했던 이유는 가족이라는 소재가 가지고 있는 특수성 때문이기도 하고, 제가 다양한 가족을 보여 주기 위해서 이 영화를 만든 것은 아니지만, 이 이야기를 사람들한테 어떻게 풀어갈까 했을 때, 저는 보는 관객들이 영화가 던지는 주제에 대해 고민을 하길 원했습니다. 왜냐하면 가족에 관한 이야기들은 세상에 너무나 많기 때문에 그걸 다 찍어 보겠다는 욕심은 처음부터 버려야 했습니다. 그런 욕심을 버리는 과정에서 저를 포함해 여러 세대로 이루어진 스태프들의 이야기가 떠오른 겁니다. 등장인물들이 갖고 있는 서로 다른 가족 배경과 각기 다른 상황이 서로 충돌하게 만들면, 보는 사람의 공감대가 더 넓어질 것이라고 생각했습니다.

> 감독님을 포함해서 세 가족의 얘기가 나오는데, 이야기의 패턴이 각기 다릅니다. 감독님은 딸인 수림 양과 계속 싸우고, 경은 씨 같은 경우는 1인칭 화법이 사용되고 있고, 세영 씨 같은 경우는 대한민국의 가장 전형적인 가정의 아버지를 자식이 3인칭 관점에서 바라보고 있습니다. 이렇게 약간 어긋나는 세 개의 패턴으로 이야기를 만든 이유가 있으신지요.

처음부터 세 명으로 이끌어 가는 구성을 구상하지는 않았습니다. 〈송환〉과 마찬가지로, 일단 찍은 것을 가지고 구성하면서 선택한 부분이 있습니다. 그렇기 때문에 좀 더 매끄럽게 가지 못했던 부분이 저도 아쉽기는 합니다. 그럼에도 불구하고 저는 〈쇼킹 패밀리〉로 통합되는 하나의 시선이 영화 안에 존재한다고 생각합니다. 그 안에서 세영이는 카메라맨으로서 자신과 자신의 가족을 바라보다가 우리의 스태프들을 바라보는 시선으로 이어지고, 경은의 시선도 마찬가지거든요. 등장인물들이 서로를 바라보는 시선이 계속 이어지고 있다는 거죠. 각 장면들을 자세히 보면, 세 가지 개별 시선으로 분리되어 있는 것만은 아닙니다. 서로 맞물려서 진행되는 구성이 산만해 보일 수도 있지만, 그렇기 때문에 서로 충돌하면서도 문제를 끌고 가고 유지시키는 부분이 있다고 생각합니다.

〈쇼킹 패밀리〉는 어떻게 보면 자기와 가족이라는 사적인 것들을 통해서 공적인 것들을 말하는 영화입니다. 즉, 공적인 것들이 외삽되어 살짝 들어오는 것뿐이지 전체적으로 제작진들과 경순 감독의 사적인 것들이 계속 노출되면서 전개되니까, 오히려 '완전히 역전시켜서 말하고 있구나' 하는 생각이 들었습니다. 이런 방식은 이전 영화들에 비해서 파괴적일 수밖에 없고, 자기해체적인 것이 너무나 당연하다고 느꼈습니다.

앞으로 경순 감독이 어떤 영화를 또 내놓을지 모르겠지만, 〈쇼킹 패밀리〉는 경순 감독이 좀 더 적극적으로 공적/사적 영역을 해체하거나 그 경계를 부수는 형식을 자유롭게 구사할 수 있을 거라는 기대감을 갖게 하였습니다.

김동원 감독님은 〈쇼킹 패밀리〉를 어떻게 보셨는지요.

정동진독립영화제(제8회 2006년 상영)에서 〈쇼킹 패밀리〉를 처음 봤는데, 시간 가는 줄 모를 정도로 재미있게 봤습니다. 그때 보고 나서, 뭐라 그럴까요. 과연 이 영화가 어떻게 받아들여질까 궁금했습니다. 이 영화가 정상적인 가족을 상당히 곤란하게 만든다고 느껴졌으니까요. 일반적인 관객들, 즉 상업 영화를 보는 관객들이 이 영화를 본다면 이 영화의 메시지를 어느 정도 수용할 수 있을까에 대해서 약간 회의적인 생각이 들었습니다. 저는 언제나 관객들을 의식하면서 관객의 입장에서 편집을 하거나 구성을 하는데, 경순 감독은 그런 점에 있어서 저보다는 비타협적이라고 할 수 있죠. 독립 영화 감독은 좀 그래야 하는게 맞다는 생각을 합니다. 제가 이 영화를 딸아이와 같이 봤는데, 나중에 딸아이에게 설명을 해줘야 했던 부분이 상당히 많았어요.

다큐멘터리도 이제는 재미가 있어야 관객들을 흡수할 수 있으니까 재미를 유발하는 방법에 대해서 이전보다 많이 연구를 하는 편인데, 경순 감독의 영화도 이전과 좀 달라진 것 같습니다. 〈쇼킹 패밀리〉에서는 재미를 위한 영화적 장치들을 현란하게 구사하고 있더군요. 이전의 경순 감독의 영화들은 묵직한 영화들이 많았는데, 이 영화는 무겁기보다는 날카롭고, 좀 피가날 만큼 독설적인(웃음) 그런 느낌이 나는 것 같아서, 볼 때는 참재미있었는데, 보고 나니까 씁쓸한 맛이 났었던 것 같습니다.

다큐멘터리, 시간이 주는 변화

요즘 젊은 감독들은 재기발랄하고 기가 막힌 형식들로 다큐멘터리를 만들고 있는데, 그런 다큐멘터리들을 보고 김동원 감독은 '내가 늙었구나' 하는 생각이 들지 않는지요(웃음).

여러 가지 재미 효과를 내려면 두 가지 테크닉이 있어야 합니다. 애프터 이펙트after effect나 편집할 때 컴퓨터로 낼 수 있는 많은 효과 기술이 그것인데, 그에 관한 공부를 부지런히 해야 합니다. 하지만 그 부분은 제가 죽었다 깨어나도 못 따라가는 부분이라고 인정합니다. 그러나 감각에 관한 한 저는 젊은 다큐멘터리스트들과 한 번 붙어볼 만하다고 생각합니다. 혹시 제가 만든 〈철권 가족〉(2001)이라는 다큐멘터리를 보셨는지 모르겠는데, 제 아이들과 '철권 게임'을 같이 하는 다큐멘터리입니다. 거기서 저는 저도 발랄할 수 있다는 것을 보여드렸거든요(웃음). 젊은 감독들이 그렇게 많이 부럽지는 않습니다. 왜냐하면 테크닉이 가장 중요한 부분은 아니니까요. 그렇지만 그것도 못하는 것보다는 잘하는 게 좋겠죠.

김동원 감독의 〈상계동 올림픽〉이라는 영화는 1987년에 나왔습니다. 제가 듣기로는 당초에는 철거 지역에 며칠 들어가서 촬영하려고 했다가 4년에 걸쳐서 작업을 한 걸로 알고 있습니다. 김동원 감독 영화의 기저에는 대상과 어떤 삶을 共有하고, 그들과 함께 살아가는 것들이 보입니다. 이것이 김동원 감독 영화의 장점이자 진정성이 아닌가 생각합니다.

저는 다큐멘터리를 전공한 사람이 아닙니다. 원래는 상업 영화

연출부로 충무로에 들어가서 영화를 처음 시작했었지요. 그래서 대상과의 관계에 대한 감각이 전혀 없었다고 봐야죠. 다큐멘터리를 이해하지 못한 상태에서 무턱대고 만들었기 때문에 다큐멘터리 장르에 대한 고민 같은 게 없었습니다. 그리고 저는 저 자신도 상계동 주민 중 한 사람이라고 생각해서 그런지, 주민들 안방에 카메라를 들고 왔다 갔다 해도 그것이 실례가 된다고 생각하지 않았습니다. 그분들도 그런 저를 자연스럽게 받아주셨죠. 제가 그때 다큐멘터리를 좀 더 잘 알았더라면 약간이나마 복안을 가지고 촬영했을 것이라는 생각이 듭니다. 〈송환〉도 비슷했던 것 같습니다. 1991년도에 비전향 장기수들이 송환될 것을 예상하지 못한 상태에서, 어떻게 보면 본능적으로 카메라를 들었고, 제가 속한 제작 집단인 푸른영상이 그쪽 관련 다큐멘터리를 제작해 왔으니까, 장기수 문제에 관해 자연스럽게 관심을 갖고 있었습니다. 사실, 다큐멘터리를 찍겠다고 잘 모르는 사람을 만나서 관계를 맺는 건 불편합니다. 그런데 이전에 자연스럽게 맺어진 관계에서 작품에 나오게 되면 그런 불편함을 별로 느끼지 못하죠. 〈쇼킹 패밀리〉도 가족이고 워낙 친한 사이였기 때문에 부담을 느끼지 않았을 거라고 생각합니다. 좀 독한 장면들도 많잖아요. 남자 친구에게 짓궂게 구는 장면이라든지 아들을 만나는 장면도 좀 힘든 장면인데, 자연스럽게 잡힌 것을 보면, 〈쇼킹 패밀리〉도 관계가 형성되고 난 다음에 기획을 시작해서 관계에서 오는 불편함은 별로 없었을 것 같습니다. 새로운 관계를 만들어 내는 것은 더 이상 하고 싶지 않습니다. 그만큼 저한테 부담감이나 책임감을 느끼게 만드니까요.

| 〈쇼킹 패밀리〉는 감독의 자전적이며 성찰적인 면을 노출하는 다큐멘터리입니다. 영화를 찍고 완성하는 과정에서 스스로 변화된 부분이 있는지요.

저는 다큐멘터리를 다른 영역이라고 생각하지 않고, 영화를 찍는 것과 같다고 생각합니다. 그러나 다큐멘터리 형식은 사람들의 실제 관계 속에서 그 사람들을 통해서 직접 뭔가를 만들어가기 때문에 매력적일 때도 있고 부담스러울 때도 있습니다. 그렇기 때문에 다큐멘터리에서 주제를 정하고 그 영화를 풀어갈 때, 저는 스스로 어떤 성장 과정을 거치는 것 같습니다. 다큐멘터리는 극영화처럼 완벽한 시나리오에서 출발하기보다 내가 생각하는 주제를 풀어나가는 과정이 영화를 만드는 과정이 아닌가 싶습니다. 〈애국자 게임〉이나 〈사람은 무엇으로 사는가〉도 마찬가지였습니다.

'가족'이라는 주제는 제 머리를 너무 답답하게 만드는데, 사실 그것은 저를 수십 년간 괴롭혀 왔던 주제였습니다. 그래서 '언젠가는 내가 이것을 풀어내야겠다'는 생각을 계속 했었습니다. 그러나 처음부터 명쾌하지는 않았습니다. 그렇기 때문에 영화를 찍고 나서 달라졌다기보다는 '명확해졌다, 더 확실해졌다'는 생각을 더 많이 하게 됩니다. 왜냐하면 어떤 분들은 그래서 가족을 해체하자는 거냐 하면서, 자꾸 기존의 가족 안에서만 보시는 분들이 있는데, 제가 하고자 하는 얘기는 사람을 판단하는 기준이 가족이 아니라 개인이었으면 좋겠다는 단순한 얘기거든요. 그 이야기를 하기 위해서 수많은 가족들이 왜 그렇게 얽히고설켜 서로 상처를 주고받는가를 말하고 싶었던 겁니다. 변한 지점이라면, 이야기를 풀고, 공감하고, 소통하다 보면, 이게 나만의 고민은 아니었다는 생각이 들면서, 사람에 대해 이전보다 더 많이 신뢰하게 된다는 것입니다.

> 김동원 감독님은 영화를 찍고 나서 스스로 달라진 게 있으신가요.

글쎄요. 대답이 힘든데요. 막 출렁출렁 거리니까. 북한에 대한 판단 같은 부분은 북한을 잘 모르는 상태에서 하는 거잖아요. 뭐라 그럴까요. '더 많이 알게 되었다든지, 뭔가 나의 의견을 새롭게 갖게 되었다,' 그런 게 아니라 북한에 대한 여러 이야기들을 동시에 들으면서 북한에 대해서 조금씩 선명해지는 것 같은 그런 느낌은 듭니다. 쉽사리 판단할 수는 없지만 말입니다.

> 약 12년에 걸쳐서 〈송환〉을 제작하셨는데, 그 긴 시간 동안 정세나 상황 자체가 변하면서 어떤 방향으로, 어디에 초점을 맞춰 이 다큐멘터리를 끌고 나가야겠다는 부분에 대해서 고민이 많았을 것 같습니다.

'12년 동안'이라는 홍보 카피가 갖고 있는 사기가 있어요. 12년 동안 이것만 한 건 아니거든요. 편집 기간까지 합해서 12년이고, 촬영 기간 10년 중에 9년은 아무 생각도 없었어요. 1년 동안 〈송환〉을 기획했을 때, 그때부터 고민이 생겨났지요. 말씀드렸듯이, 처음에는 단순한 교육용 다큐멘터리를 만드는 게 목표였으니까, 영화를 빨리 완성해서 장기수들을 빨리 북송하게 해드리는 게 중요했죠. 막상 그분들이 가시고 나니까, 닭 쫓던 개 지붕 쳐다보는 격이 되었죠. 사실은 제가 평양에 갈 수 있을 거라 생각했고, 평양에 가야만 이 영화가 끝이 날 거라고 생각했어요. 제가 가서 다시 해후를 해야만 영화적인 마무리가 될 거라고 생각했는데, 2년 동안 기다려도 안 되더군요. 포기할까 생각하고 있었는데, 그전에 후배한테 부탁한 것이 떠오르더군요. 후배에게 북한에서 그분들을 만나면 좀 찍어 오라고 이야기를 한 적이 있는데, 후배가 갔다 온 다음에 저에게 준 테이프를 확인해 보지도 않았거든요. 그런데 한 6~7개월 지난 다음에 우연히 그 테이프를 보게 되었습니다. 그 안에서 조창선 할아버지가 저를 "아들처럼 생각했다"고 말씀하시는 걸 봤습니다. 조창선 할아버지의 말을 듣고, 그때서야 비로소 '평양에 못 가도 영화를 끝낼 수 있겠구나' 라는 생각이 든 거죠. 그게 가장 큰 굴곡이었습니다. 그것 외에는 12년 동안 구성상에서의 큰 굴곡은 없었던 것 같습니다.

다큐멘터리에는 말하고자 하는 대상을 변화시켜 가는 다큐가 있고, 대상에 부딪쳐서 자기가 변하는 다큐멘터리가 있습니다. 저는 〈송환〉을 후자로 보고 있습니다. 왜냐하면 그 당시에 장기수 분들을 변화시켜 나간다는 것은 좀 어려운 일이었을 뿐 아니라, 그분들은 어떤 큰 벽과 같았다고 할 수 있죠. 그 큰 벽을 만난 감독이 오히려 고뇌하는 부분이 많았던 것 같은데요, 이런 모습들이 오히려 신선하게 다가왔던 것 같습니다.

〈로저와 나Roger and me〉(1989)에서의 마이클 무어 정도로 연기를 잘 하지는 못했지만, 〈송환〉에서 저도 어느 정도는 연기를 하고 있었습니다. 연기라는 것이 없는 것을 만들어 내는 것이 아니라, 관객에게 다가가기 편한 역할을 설정하기 위해 제 안에 있는 많은 부분 중에 어떤 특정 부분을 강조해서 맞추었다고 보시면 될 것 같습니다. 마이클 무어가 자기 영화에 바보처럼 나오지만, 바보 같으면 그런 다큐멘터리를 못 만들잖아요.

〈송환〉에서는 왜 저들은 비전향 장기수인가, 왜 저렇게 끝까지 굴복하지 않는가에 대한 답변이 한 번 나옵니다. 이에 대한 감독님 나름의 답으로, 어떤 이념적 문제를 직접 풀거나 그것에 대해 더 집요하게 들어가기보다는, '어떤 폭력적 상황이 가해지다 보면 사람들은 자연스럽게 저항하게 된다' 라고 제시됩니다. 그렇다면 이념은 도대체 무엇인가에 대해서도 굉장히 광범위하고 집요하게 질문해 볼 만한데, 그것을 쫓아갈 수는 없었던 것이지요.

물론 이념이 그분들한테는 제일 중요합니다. 그리고 제가 물을 때마다 신물 나게 들은 대답이기도 합니다. 거의 비슷한 대답을 하셨는데, 그 대답은 너무나 당연하다고 생각합니다. 일제 강점기와 한국전쟁을 겪은 세대에게 이념은 우리가 상상하는 것보다 훨씬 더 중요한 문제입니다. 우리는 '그게 왜 그렇게 중요한지' 이해할 수 없을 뿐이지, 왜 그렇게 미국을 증오하는지, 왜 그렇게 공산주의를 배반하지 못하는지에 대해서는 너무나 잘 이해할 수 있거든요. 그것은 어떻게 보면 너무나 뻔한 답이기 때문에, 저는 그것 말고 다른 것은 없었을까라는 물음을 가졌고, 그에 대한 답을 찾게 되었습니다. 그분들을 굳이 이념적으로 분류한다면, 공산주의자라기보다는 민족주의자가 맞습니다. 일제 강점기 때 일본 순사들을 피해 도망 다녀야 했던 그분들은 해방이 되자 일본 놈들이 자기 나라로 쫓겨 나간다고 좋아했는데, 갑자기 미군이 전격적으로 들어와서 포고문을 붙이는 것을 보고 어떤 배반당한 자유를 느끼셨던 거죠. 민족주의자가 아니라 한 개인이어도 반감이 생길 수밖에 없을 거라고 생각합니다. 그때는 일제를 겪었기 때문에 민족주의자가 아닐 수 없는 세대였을 거고, 그중에 공부를 좀 하신 분들은 대학에 들어가서 사회주의 사상을 지니게 되었던 거죠. 김영식 선생이나 조창선 선생과 같은 분들은 그런 배경이나 기초 지식이 없었는데, 감옥 안에서 학습을 많이 하셨다고 합니다. 그분들이 이론적으로 얘기힐 때나 학습 받은 대로 말씀하실 때는 어설픈 느낌이 나죠. 적어도 제가 만났던 조창선 선생이나 김영식 선생 같은 분들은 이념적인 것 같지는 않다는 거죠. 따라서 이념만으로 인간을 다 분류할 수는 없다는 겁니다.

가족 공동체, 사회 공동체, 다큐멘터리 공동체

> 두 편 모두 결국은 혈연을 떠나 어떤 사회적 공동체의 중요성에 대해서 애기하고 있는 것은 아닌가라는 생각이 드는데, 이에 대해 경순 감독이 말씀을 좀 해주시지요.

제가 사는 집이 사무실이고, 또 수림이도 같이 살기도 해서, 공과 사가 합쳐진 공간에서 지내고 있습니다. 그리고 저희가 독립 영화를 하다 보니 돈이 없어요. 그러다 보니 교통비라도 줄이려면 사는 곳을 서로 의식하게 되죠. 그리고 회의 때문에 자주 모이고 해야 하는데, 그러면서 스태프 한두 명이 우리 동네로 이사를 왔어요. 그래서 자연스럽게 사무실이 아지트가 되고, 집 근처가 스태프들 동네가 되어버린 거죠. 그러면서 자연스럽게 서로에게 도움을 주게 되고, 함께 뭔가를 벌이는 일들이 많아지게 된 거죠.

그런데 어떤 분은 저에게 대안적인 가족 형태로 무언가를 추구하는 게 아니냐는 질문을 하시는데, 저는 꼭 이루어내야 할 대안 가족의 형태를 갖고 있지는 않습니다. 내가 누군가로부터 존중받는다는 느낌을 받으면 그 사람하고 더 애기하고 싶어지고, 또 다른 것을 함께 더 나누고 싶은 관계들이 되고, 그러면서 하나의 공동체가 되는 것 같아요.

> 〈쇼킹 패밀리〉에서는 수림이 아버지가 부재합니다. 그에 대해 고민하

셨을 것 같은데, 보편적이거나 좀 더 많은 공감을 이끌어 내기 위해서는 수림이 아버지의 자리에 대해서 언급하는 편이 더 낫지 않았을까요.

제가 이 영화를 만들어야겠다고 자극을 많이 받았던 부분이 바로 말씀하신 그런 지점들 때문이었습니다. 왜냐하면 어떤 사람이 있으면 그 사람을 그대로 보지를 않아요. 수림이를 아버지가 없는 아이로 보거나, 아니면 저를 남편의 상황으로써 판단한다는 거죠. 지금 여기에 존재하는 그 사람 그대로를 보지 않고, 그 주변을 자꾸 염려하는 거죠. 저는 개인적으로 그 부분에 분노해서 이 영화를 만들었습니다.

제가 일이 있어서 수림이를 어디에 맡기거나 하면, 사람들은 항상 아이를 불쌍하게 봐요. 생각해 주는 마음인 거는 알겠는데, "너 아빠 없어서…," 아니면 "엄마는 매일 촬영만 다녀서…," 이러면서 아이를 안쓰러워하는 거예요. 그런데 저는 그게 오히려 아이에게 엄청나게 나쁜 영향을 준다고 생각하거든요. 아이에게 "다 그렇게 사는 거야. 야, 엄마 일하러 나갔는데, 너 혼자도 씩씩하게 잘 있구나"라는 이야기를 해주는 게 아니라, 모든 사람들이 그 아이의 빈 곳을 지적한다든가, 빈 곳을 어떻게든 채워줘야 한다고 생각하는 경우가 많다는 거죠. 그 부재라는 깃들은 부재라고 느끼면 부재가 되는 것이고, 있는 그대로 채워진 것이라고 생각하면 또 채워진 것이라고 생각합니다. 주변 사람들이 누구를 평가할 때 왜 그 부재를 알아야 하는 건지 잘 모르겠어요. 그 부재를 느끼라고 할 때, 저는 굉장히 화가 납니다. 따라서 영화에서 그런 부분을 보신 분과 제가 과연 소통할 수 있는 지점이 있었는지는 잘 모르겠습니다.

지금 말씀하신 부분과 관련된 것이기도 한데요, 〈쇼킹 패밀리〉는 강압적이고 폭력적인 엄마와 딸의 관계까지 노출하고 있습니다. 그런 면에서 윤리적 감각이 있는 영화라고 생각했고, 그렇기 때문에 굳이 아버지의 부재를 통해서 모녀 관계의 결핍된 요소들을 찾아서 보는 것이 중요한 게 아니라, 딸과 엄마의 관계 자체에서 생성되는 감정과 거기서 빚어지는 상황을 보는 것이 이 영화의 핵심이라고 생각합니다.

제가 보기에는, 〈쇼킹 패밀리〉의 말 걸기의 방법에 있어서 보통 다큐멘터리들과는 달리 직설적인 화법을 구사한 데에 원인이 있지 않나 생각합니다. 독립 영화로서 독특한 화법을 가졌다고 판단할 수도 있고요. 제가 초반에 말씀드린 것처럼, 조금 노멀한 사람들이 다가가기에는 어려울 수도 있다는 느낌과 비슷한 느낌인 것 같습니다.

〈엄마〉(류미례, 2004)나 〈엄마를 찾아서〉(정호현, 2005) 등 엄마에 관한 다큐멘터리들이 갑자기 많이 등장한 걸로 알고 있습니다. 경순 감독의 작품 이전에 만들어진 그 두 작품에서, 젊은 여성 감독들은 주로 엄마를 사랑하지만 엄마처럼 살고 싶지 않다는 이중적인 애증의 관점에서 엄마를 그렸습니다. 〈쇼킹 패밀리〉는 그러한 일련의 작품들에 대한 하나의 반응으로 만든 건지요.

가끔 사람들은 질문을 합니다. 어떤 영화를 왜 만드느냐고요. 저는 그때마다 이렇게 말합니다. "저는 제가 보고 싶은 영화를 만듭니다"라고요. 요즘에는 그런 생각을 많이 합니다. 독립 영화들은 관객도 많지 않고, 이런 자리가 아니면 사람들은 다큐멘터리에 대해 관심도 갖지 않기 때문에, 내가 놓여 있는 답답한 상황에 대해 제 자신이 느끼는 것을 만들게 되는 것 같습니다.

　말씀하신 대로 〈엄마〉와 〈엄마를 찾아서〉도 〈쇼킹 패밀리〉를 찍기 전에 다 봤습니다. 그 영화를 만든 감독들도 잘 알고 있고요. 그런데 두 작품과 〈쇼킹 패밀리〉는 출발점이 좀 다른 것 같아요. 영화에서 풀고 싶은 주제와 질문들이 각각 다르다는 이야기죠. 〈엄마〉와 〈엄마를 찾아서〉는 가족 내에서의 문제를 통해 이야기를 풀어가는 방식인데, 〈엄마〉의 류미례 감독의 경우 당사자가 엄마가 되고 아이들을 키우는 입장이 되면서 그 과정에서 나온 고민이 반영된 것도 있고, 〈엄마를 찾아서〉의 정호현 감독의 경우 싱글로 살면서 엄마에게 받았던 영향들을 벗어나 엄마에게서 뭔가 새로운 걸 찾고 싶다는 고민이 작품에 투영되었습니다. 하지만 〈쇼킹 패밀리〉의 경우는 가족 외적인 영향에 더 초점이 맞추어진 영화입니다. 가족을 소재로 한 영화와 소설은 엄청나게 많고, 가족은 거의 일상적이고 진부한 소재잖아요. 그러한 작품들은 늘 관습적이고 이성애적인 일부일처제 가족을 전제로 하고 있습니다. 그런 다음에 그 안에서 비롯된 상처들과 즐거움이나 슬픔 같은 여러 감정들을 겪고 서로 할퀴든지 긁어내든지 하는 모습을 보여 줍니다. 저는 저러면서 왜 저기를 못 벗어나고 있는가라는 답답함을 많이 가지고 있었 거든요.

그래서 제 작품은 일단 출발부터 선을 긋는, 즉 그런 식의 시 선이 아닌 다른 시선으로 가야겠다는 생각을 하게 됐죠. '기존 의 가족 관계를 전제로 해, 그 안에 어떤 문제가 있든 가족이라 는 이름으로 감싸 안아야 한다는 시선은 이제 바꿀 때가 되지 않았나.' 저는 바로 이 지점에서 제 영화를 시작했습니다.

〈쇼킹 패밀리〉를 보면 곳곳에 커다란 사회문제들이 언급됩니다. 호주 제, 해외 입양 문제, 입시문제 등등이요. 이를 한편으로는 가족이나 자 기 얘기와 더불어서 큰 사회문제를 연루시키는 데 공을 들인 작품이라 고 생각하면서도, 다른 한편으로는 다큐멘터리스트로서의 자의식과도 같은 것, 즉 커다란 사회문제를 이야기하지 않으면 안 된다는 강박관념 이 있었던 것 같기도 합니다. 감독님이 조금 더 거리를 두고, 자유롭게 자신과 수림이의 이야기만 할 생각은 없으셨는지 궁금합니다.

우리의 일상에 가장 가깝게 있는, 굉장히 친밀한 정치적 이데 올로기는 다름 아닌 가족주의라는 생각을 갖고 있습니다. 그러 면 그 이야기를 어떻게 풀어낼 것인가. 엄마와 나의 관계에 대 해 얘기하는 그런 방식으로도 가능하겠지요. 하지만 제가 오히 려 폭을 넓혔던 것은 사회 곳곳에서 가족의 문제로만 알고 있 었는데 실상은 자본주의 이데올로기가 내재해 있는 가족주의 와 같은 거였습니다. 그 안에서는 교육에 대한 모든 책임도 가족이 지고 있고, 상품에 대한 모든 수요도 가족으로부터 나옵니다. 그런데 우리는 이를 당연시하고 삽니다. 가족이라는 것이 유지되는 이유는 단지 내가 엄마이기 때문이라든가, 내가 아빠이기 때문은 아니라고 봅니다. 국가가 그것을 원했다는 거죠. 저는 자본주의라는 체제가 가족을 원하고 있다고 생각합니다. 예를 들면, 예전에 한창 임금 투쟁을 할 때, 왜 남자들에게만 가족 수당이 나오는 것인가를 반문한 적이 있었습니다. 그 가족을 꾸리는 가장은 이제 더 이상 남자로 한정되어 있는 게 아닙니다. 경제적으로도, 정치적으로도 복잡하게 얽혀 있는 지도 위에 가족이 있다는 것을 보여 주고 싶었습니다. 그런데 그 이야기를 다 하면 너무 난해해지잖아요. 그래서 그것들을 쉽게 연결해서 가족이라는 것이 개인적인 단위가 아니라는 것을 보여 주어야 한다고 생각했습니다.

영화 제작 초기 단계부터 의식적으로 대한민국에서 일어나는 가족과 관련된 모든 것으로부터 자료를 모으기 시작했습니다. 그러나 하려는 이야기가 너무 많으면 가지가 너무 뻗기 때문에, 일단 좀 추려서 생각하지 못했던 사회 현상들을 가족과 연결 지으려고 했습니다.

잊고 있었던 질문

마지막으로 공통적으로 드리는 질문을 하겠습니다. 영화란 무엇인가, 영화를 왜 만드는가, 자신의 영화를 보면서 누가 가장 즐거움을 얻거나 영향을 받기를 바라는가? 김동원 감독님부터 말씀해 주시지요.

이런 질문을 스스로에게 해본 지가 너무 오래된 것 같습니다. 저도 한 이삼십 년쯤 전에는 그런 질문을 화두처럼 생각했었는데 말이죠. 쉽게, 그냥 저는 영화를 이야기하는 방법, 또는 자기를 표현하는 방법의 하나라고 결론을 내렸어요. 그림이나 음악이나 소설과 같죠. 더 이상 정의가 필요할까 모르겠어요. 여러 가지 붙일 수 있겠지만, 불필요한 것 같아요. 최소한 저는 그림으로 이야기하는 거라고 생각하고요, 중요한 건 그 그림으로 된 이야기를 전달한다는 거죠. 즉, 내 생각을 다른 누가 함께 공유해 주었으면 하는 바람을 가지는 거죠. 저는 기록한다는 느낌은 별로 없어요. 표현하는 것은 좀 재미있어요. 기록은 기본적으로 하는 것이기 때문에, 나는 이렇게 생각하는데 너는 어떻게 생각하니 같은 식으로 관객들에게 접근하는 것이 저한테는 중요하죠.

저는 제 영화 한 편 한 편마다 좀 특별하게 염두에 두는 관객들이 있어요. 아까 〈송환〉에서는 386세대라고 했는데, 〈상계동 올림픽〉은 철거민들이 그런 관객들이었죠. 그 관객층을 좀 넓혀야 된다는 생각은 합니다. 제 영화가 대박이 나도록 하기 위해 관객층을 넓히는 게 아니라, 386세대나 철거민만 이 영화를 좋아하면 안 되잖아요. 사실 더 바뀌어야 할 사람은 지배층이나 중산층 같은 다른 계급의 사람들이기 때문에, 그분들에게도 다가가야 된다는 생각을 언제나 아주 의식적으로 하고 있습니다. 저는 〈송환〉에서 두 관객층을 고민했습니다. 하나는 386세대 관객이고, 다른 하나는 보통 관객들입니다. 우선, 이 영화를 통해 저를 포함한 386세대에게 '비전향 장기수들은 수십 년간 고문을 당하면서도 버텼는데, 너희들 386세대들은 뭐하고 있는가?'라고 질문하고 싶었습니다. 두 번째는 이 비전향 장기수들이 특별한 사람들이 아닌 보통 관객들과 어떻게 연결될 수 있을까를 고민했습니다. 그래야 하지 않을까요? 자기랑 관계가 있어야 영화를 보잖아요. 그런 것들을 연결고리로 만들기 위해서는 일반 관객들을 염두에 두어야 하고요. 두 관객층이 동시에 만족하는 것이 불가능하다면, 주된 관객층에게 더 호소력을 갖는 영화를 만들고 싶어요. 그 사람들이 보고 즐거워하고 영향을 받았으면 좋겠다는 생각을 합니다. 이것도 너무 뻔한 이야기지요.

영화란 무엇인가에 대한 답은 여러 가지가 있겠지만, 질문을 좀 바꿔서 영화란 나에게 무엇인가로 한다면, 개인적으로 저는 삶이라고 생각합니다. 그러면 나에게 삶이 된 이 영화로 무엇을 할 것인가라고 나에게 묻는다면, 나는 내가 하고 싶은 이야기를 할 거라고 말하겠습니다. 그렇다면 영화는 그런 이야기를 대신하게 해주는 무기라고 말할 수 있을 겁니다.

제가 독립 영화를 하는 사람이고, 특히 다큐멘터리를 더 많이 만들고 있기 때문에, 마지막 질문인 어떤 사람에게 영향을 주고 싶은가 내지는 호소력을 발휘하고 싶은가에 대해서는 개인적인 답답함이 많습니다. 왜냐하면 제가 만나고 싶은 관객을 제가 정한다고 해서 볼 수 있는 환경이 아니기 때문이죠. 제 영화는 굉장히 소수의 관객과 만나고, 심지어 제가 만든 영화를 알릴 수도 없는 그런 상황에 놓여 있습니다. 이런 식의 환경이 계속되는 한, 이 질문에 제대로 답할 수는 없을 것 같습니다. 저는 지금 충무로의 상업 영화 시스템이 굉장히 무식하다고 생각하는데, 이런 구조가 좀 바뀌었으면 합니다. 다만 관객들이 저희가 만든 영화도 찾아볼 수 있고 또 보러 올 수 있을 때까지 만드는 일을 계속할 텐데, 그때까지 지치지 않았으면 좋겠다고 제 스스로에게 다짐을 하고 있습니다.

김태용

〈가족의 탄생〉

김태용

한국영화아카데미 동기인 민규동 감독과 단편 〈창백한 푸른 점〉, 〈열일곱〉, 장편 〈여고괴담 두 번째 이야기〉를 공동 연출했다. 〈여고괴담 두 번째 이야기〉로 백상예술대상 신인감독상(2000)과 베르자우베르트영화제 최우수작품상(2001)을 수상했다. 2004년에는 연극 〈매혹〉을 연출하고, 퀴어 영화 〈동백꽃〉을 통해 연기에 도전하며 새로운 면모를 보여주었다. 두 번째 장편 영화인 〈가족의 탄생〉으로 평단의 호평을 받으며 대종상 최우수작품상을 수상했다. 최근작으로는 현빈, 탕웨이 주연의 〈만추〉가 있다.

〈만추〉(2010)
〈시선 1318: 달리는 차은〉(2008)
〈가족의 탄생〉(2005)
〈온 더 로드, 투〉(2005)
〈여고괴담 두 번째 이야기〉(1999)
〈이공〉(2004)
〈창백한 푸른 점〉(1998)
〈열일곱〉(1997)

가장 화목했던 대담이었던 걸로 기억한다. 그러면서도 할 말은 서로 다했던 그런 시간. 〈여고괴담 두 번째 이야기〉 이후 김태용 감독이 5년 만에 만든 〈가족의 탄생〉을 주로 이야기했다. 그 뒤 5년 후에 김태용 감독은 〈만추〉를 만들었다. 그에게서 허세란 건 찾아볼 수 없었다. 그는 그의 영화처럼 참 솔직하고 담백하다. 촬영과 편집 과정에서 벌어진 일, 배우와 스태프와 감독의 관계 등에 대한 이야기로 현장감이 넘치는 대담이었다. 물론 그의 영화에서 반복되는 여성성이라는 주제와 초현실적 장면과 같은 표현적인 면에 대한 그의 이야기도 들을 수 있었다.

　한국 영화감독 중에는 흥행을 논하지 말고 그저 영화만 계속 만들어 주었으면 하는 감독들이 몇 명 있다. 김태용, 임순례, 장준환, 이창동, 홍상수 감독 등이 그렇다. 그들은 그들만의 세상을 보는 방식이 있고, 그들만의 내레이토그래피Narratography가 있으며, 그들만의 화법이 있다. 이들은 상투적이고 극적인 스토리를 벗어난 플롯을 자주 구사하고, 민족주의 등 보편 이데올로기 등에 쉽게 묻어가지 않는 열린 작품을 선호하며, 대중 영화라는 것에 양가적인 감정을 갖고 있는 감독들이다(본인들은 부인할 수 있으니 철저하게 주관적인 판단이라는 걸 말해 둔다). 부디 돈, 흥행, 장사, 대중이라는 이름이 이들의 앞길을 막지 않길 바라면서, 김태용 감독과의 대담을 풀어놓는다.

〈가족의 탄생〉, 한국 영화에 존재하지 않는 시장을 노리다

〈가족의 탄생〉은 수준 높은 완성도와 빼어난 만듦새에도 불구하고 흥행에 실패해서 안타까워하는 이들이 많은데, 그 점에 대해 감독님은 어떻게 생각하십니까?

처음에는 '청어람' 이라는 회사에서 준비했습니다. 그런데 이 시나리오로는 영화화하기가 어렵다고 해서 몇 군데 다른 곳을 알아봤습니다. 제가 이 영화 전에 다른 시나리오를 하나 썼었는데, 영화를 준비하는 과정에서 다른 것으로 바뀐 적이 있었습니다. 〈가족의 탄생〉도 다른 것으로 바꿔 써보려 했는데, 힘이 쫙 빠지더군요. 그래서 이건 저예산이 되더라도 일단 만들어 보아야겠다, 중간에 저나 같이 만드는 사람들의 검열로 인해 끊기는 게 힘이 빠지니까, 이번에는 그냥 무조건 밀어붙이겠다고 생각했습니다. 그렇게 시작해서 '블루스톰' 이라는 영화사에서 준비를 했는데, 투자가 안 되는 거예요. 그래서 시나리오를 조금씩 더 고쳐 가면서 투자자들에게 공언을 했지요. "이 영화가 500만 명이나 1,000만 명이 보는 영화는 아니지만, 제 나름대로 시장 분석을 해서, 150만 명이나 200만 명 정도는 볼 수 있게 만들어 보겠다." 그런데 투자하는 분들이 "한국에는 그 시장이 없다. 100만 명에서 200만 명 관객을 모으는 영화 시장은 원래 없는 시장이다. 500만 명이나 600만 명을 넘기거나 30만에서 50만 명이 보는 시장밖에 없다"고 주장하시더라고요.

그래서 저는 "아니다. 있다. 믿어 달라"고 해서 영화를 만들게 되었습니다. 그런데 결국 그분들 말씀이 맞더군요. 그 시장이 진짜 없는 것 같더라고요. 그게 시장의 문제인지, 영화 내적인 문제인지는 모르겠습니다. 그 시장 자체가 형성되어 있지 않다는 걸 알고, 그걸 부인해 보려고 시작한 거였는데 말이죠. 처음에는 흥행이 안 될 거라고 생각했습니다. 하지만 배우들을 캐스팅하면서, 잘 하면 흥행이 될 수도 있지 않을까 하는 생각을 했는데, 결국 안 되었습니다. 저는 아직도 잘 모르겠습니다. 얼마 전에 영화를 다시 한 번 봤는데, 흥행이 안 될 영화였구나 하는 느낌은 좀 들더라고요. 단지 시장의 문제라고만 생각했는데, 내적인 문제도 있다는 생각이 들더군요.

그때 제가 느낀 것은, 어떤 준비를 하고 이 영화를 봐야 되는지가 분명하지 않은 상태에서 보면, 처음 일이십 분은 영화를 파악하느라고 조금 힘이 들겠다는 것입니다. 영화를 보면서 이 영화를 이런 톤으로 봐야 하는지 의아하게 생각하는데, 나름 배반의 역사를 계속 거듭하니까 그게 재미있다고 생각했습니다. 그런데 그게 관객들을 조금 지치게 만들 수도 있다는 생각이 들더라고요(웃음).

현실에 뿌리내린 판타지 여성

〈가족의 탄생〉을 전체적인 내러티브에서 보면, 여성의 모성애나 모녀 간의 질긴 애정이 결국 가족을 유지하는 원동력이 되기도 하지만, 한편으로는 이러한 여성의 본능들을 매우 힘들어하고, 심지어 부정하고 싶어 합니다. 감독님은 여성들의 이러한 본능이나 감정에 대해서 어떤 시각을 가지고 만드셨는지 궁금합니다.

시나리오 단계부터 이 영화가 여성 영화로 분류될 수도 있겠다는 생각은 끊임없이 했었습니다. 여성성은 잘 모르겠지만, 조금 더 여유로워지는 상태로 다가가는 감정 같은 걸 생각했습니다. 은연중에 어머니나 누나가 관계에서 여유로운 상태라고 느껴서 그런지 그런 식으로 접근을 했습니다. 모성이라든가, 누이가 엄마로 대치된다든가, 엄마는 끊임없이 밖으로 떠돌고 딸이 다시 엄마의 모성을 찾는다거나, 이런 식으로는 일부러 안 간 경향이 있습니다. 어떤 것이 존중되어야 한다든가 탈피되어야 한다는 구분으로부터 조금 벗어나서 작업을 해보고 싶어 계속 이렇게 왔다 갔다 했었던 것 같습니다.

만약에 질문이 '여성성은 우리에게 이상적인 어떤 것인가'라면 그건 아닌 것 같고, 여성성이 인류 사회를 구원할 수 있는 것도 아닌 것 같고, 그러면 그 외의 것이 우리를 구속하고 있는 또 다른 끈인가라고 묻는다면 그것도 아닌 것 같아요. 그래서 아예 저는 영화에서 '이 사람들이 조금씩 더 자유로워지는 방법은 뭘까?'라는 고민을 계속 했었는데, 그 지점에서 모성이 걸리면 모성이 되는 거고, 모성을 통해서 자유로워진다면 모성으로 다가가는 것이 좋겠다는 생각을 했습니다.

그래서 저는, 2부의 공효진 씨의 경우, 그녀가 가지고 있는 모성이라는 것이 그녀를 훨씬 더 자유롭게 해준다고 생각했습니다. 논란이 있을 수 있는데, 공효진 씨가 외국으로 가고 싶어하지만 가지 않고 남아 있는 게 발목을 잡혀서 그런 게 아니냐고 생각하시는데, 저는 그 지점에서 외국으로 가지 않고 그 아이와 같이 거기서 여유롭게 엄마에 대해서 달라진 생각을 표현할 때 훨씬 더 자유로워졌다고 생각하고 있거든요. 그 지점에 대해서는 공효진 씨가 자신의 여유로움과 자유로움을 통해서 모성을 적극적으로 극복했다고 생각합니다. 1부에서 문소리 씨의 경우에는 모성이라는 것 때문에 붙잡혀 있었던 거고, 그것을 버림으로써 탈피하게 되는 것이 있었습니다. 2부에서 김혜옥 선생님이 맡은 매자라는 역할은 모성으로 인해 끊임없이 갈등하고 있지만, 영화 속에서 유일하게 자유로운 사람인 것처럼 보이는데, 그래서 죽어야 하지 않을까 하는 생각을 했었던 것 같습니다(웃음). 이런 식으로 다소 관념적으로 접근했었던 것은 사실입니다. 그런데 구체적으로 말하면, 모성이라는 지점은 모성이라는 영역뿐만 아니라 각 사람을 붙잡고 있는 관계의 끈들에 대한 생각이었던 것 같습니다.

저는 개인적으로 〈가족의 탄생〉에서 김혜옥 씨 연기가 가장 인상적이었습니다. 그분이 그렇게 냉배우인지 처음 알았는데, 가게에서 공효진 씨와 둘이 얘기하는 장면에서 심하게 때리는 모습 등은 어떤 한국 영화에서도 보지 못했던, 어머니의 솔직한 욕망을 드러내는 장면이었다고 생각합니다. 그런데 김혜옥 씨가 맡은 엄마는 굉장히 현실적인 캐릭터

인 반면, 아낌없이 주는 나무 같은 정유미 씨나 공효진 씨의 캐릭터는
판타지처럼 느껴지는 부분도 있거든요.

아마 배우랑 합쳐지면서 조금 더 그런 영향을 받았던 것 같습
니다. 제가 정유미 씨가 맡은 채현이라는 캐릭터 때문에 굉장
히 고민이 많았습니다. 영화 속에 나오는 분량은 적은데, 나름
대로 1부와 2부 역사의 총아잖아요. 어쨌든 이상한 집의 딸은
어떻게 자랐을까, 두 엄마가 기른 여자는 어떻게 되는 걸까. 그
래서 이렇게도 써보고 저렇게도 써보고, 이 배우도 만나보고
저 배우도 만나보고 그랬는데, 도대체 모르겠더라고요. 어떻게
보면, 채현이는 다른 사람이 보기에 얄미운 짓을 많이 해요. 대
다수의 여성 관객들은 채현이 캐릭터를 싫어하더라고요. 그리
고 남자들도 반 정도는 저런 여자라면 가서 때려주고 싶다고
하고, 나머지 반은 너무 좋고 매력적이라는 반응을 보이고요.
어려운 캐릭터였는데, 정유미 씨 자체가 가지고 있는 묘한 힘
이 있어요. 저는 〈폴라로이드 작동법〉(김종관, 2004)이라는 단편
영화를 보고 정유미 씨를 처음 만났는데, 만나자마자 어떤 느
낌 같은 게 왔어요. 그리고 함께 작업하던 사람들 모두가 그 배
우에게 확 빠졌었어요. 그 친구가 갖고 있는 불안함, 이게 채현
인 것 같다. 이렇게 자랐는데, 어떻게 불안하지 않을 수 있겠
나. 우리는 두 엄마 사이에서 자란 것을 낙천적으로 미화시켜
서 그녀를 완벽한 인간으로 만들거나, 아니면 상처가 내재되어
있어서 어둡거나 문제가 있다는 식으로만 접근했지, 왜 그 사

람이 지니고 있을 불안함에 대해서는 생각하지 못 했을까 하는 생각을 했습니다. 이 친구와 이야기를 나누다 보면, 자기 의견도 분명하고 주관도 뚜렷하다는 느낌을 받곤 했습니다. 보통 표정을 보면 나이를 짐작할 수 있잖아요. 어른들 표정을 보면, 기뻐도 그렇게 많이 기쁜 게 없고, 슬퍼도 그렇게 많이 슬픈 게 없죠. 젊은 사람들은 정말로 웃을 때는 웃기만 하고 울 때는 울기만 하는데 말이죠. 정유미란 친구는 약간 묘했습니다. 웃을 때 웃는데 뭔가 이상하고, 화낼 때 화를 내는데도 뭔가 있는 것 같았죠. 하여튼 뭔가 안에 있는 것이 자기 안의 필터에 의해 많이 걸러지고 있다는 느낌이 들었는데, 그게 채현이라는 캐릭터와 맞는다고 생각했습니다. 채현이라는 캐릭터는 어떤 관념을 반영하거나 대신하는 만들어진 캐릭터, 즉 기본적으로 판타지적인 캐릭터입니다. 그 캐릭터를 정유미라는 배우가 매우 현실적으로 만들었다고 생각합니다.

공효진 씨가 맡은 캐릭터는 그냥 단순하게 어떤 이야기의 설정으로 시작되었습니다. '엄마가 있는데, 엄마가 다른 남자들하고 바람을 피우고, 어디서 듣도 보도 못한 이상한 아저씨와의 사이에서 애도 하나 낳는다. 난 엄마가 싫어서 나와서 혼자 사는데, 엄마가 어느 날 갑자기 죽는다는 어떤 딜레마의 설정 아래, 이 딸은 어떻게 할 것인가' 라는 이야기로 시작했습니다. 캐릭터에 대한 고민은 처음에는 채현에 비해 굉장히 적었습니다. 그것도 역시 공효진이라는 배우를 만나면서 구체화됐지요. 처음부터 그 친구를 염두에 두고 작업을 했습니다. 그 캐릭터도 기본적으로는 판타지적인 캐릭터이지만, 공효진 씨를 만나서 현실적인 인물로 육화됐다고 생각합니다.

김태용 감독님이 계속 여성을 주인공으로 했기 때문에, 감독님이 갖고 계신 여성성에 대한 생각을 조금 깊이 논의해 봤으면 합니다. 감독님은 "관계에 대한 영화를 찍고 싶다. 그리고 이것은 인간의 관계에 대한 영화다. 조금 더 여유롭거나 더 많이 생각하는 사람은 여성이다"라고 말씀을 하셨는데, 그런 것을 표현하는 데 있어서 남성 등장인물보다 여성 등장인물이 더 적합하다고 생각을 하십니까?

제가 영화를 한 열 편 이상 만들었으면 모르겠는데, 현재 단편을 빼면 두세 편의 장편 영화를 만들었을 뿐이어서, 저는 여성에 집중하고 있다기보다는 솔직히 여성이 너무 어렵다는 느낌을 많이 받습니다. 여성과의 관계나 여성들 간의 관계를 재미있어 하고 집중하는 편인데, 우리 어머니가 〈사랑과 야망〉이라는 TV 드라마를 보실 때, "제목을 참 너무 잘 지었어. 여자는 사랑으로 살고 남자는 야망으로 살아. 진짜 그렇다. 넌 모른다. 여자는 나이 들어도 사랑으로 산다"라고 하시고는, 여자들은 모이면 "이 사람이 나랑 통할까, 저 사람이 나랑 통할까"를 고민하는데, 남자들은 "나는 몇 번째일까. 내가 쟤보다 높을까, 아니면 쟤보다 낮을까"를 고민한다고 말씀하신 적이 있죠. 저 또한 특별히 여성에 관심이 있다기보다 '누구랑 통할까 안 통할까, 누구랑 관계가 맺어지면 이게 어떻게 끊기는 걸까, 어떻게 다시 회복되는 걸까'에 관심이 있다 보니까, 영화 캐릭터들을 생각할 때도 자연스럽게 여자가 먼저 나오게 되고, 남자 주인공은 아무래도 역할이 조금 작아지고 그런 게 아닐까요.

봉태규 씨가 이런 얘기를 하더라고요. "이거 내가 주인공인 줄 알았는데, 감독님이 완전히 남자는 다…"라고 말하면서, 엄태웅 씨한테 "형. 우리는 끝이야. 끝. 우리는 아무것도 아니야"라고 계속 그러더군요. 봉태규 씨는 시나리오 독해력이 아주 좋아요. 굉장히 열심히 하고 똑똑한 친구인데, 시나리오를 보여주고 영화를 같이 하자고 했지요. 시나리오를 본 다음에 그 친구가 "아이고, 난 들러리구나"라는 거예요. 어떻게 해서든지 같이 하려고…(웃음), "3부는 말이야, 이렇게 끌고 와서 한 남자가 바라보는 세계가 아니겠니. 이거 봐. 채현이가 갈등을 야기하지만, 갈등의 중심에는 네가 있잖니? 네가 이 갈등을 어떻게 풀어 나가느냐에 따라 관객이 달라지는 거 아니겠어?"라고 했더니, "화자는 주인공이 아니잖아요"라는 거예요. 맞는 얘기더군요. 영화 속의 화자는 좀 매력이 없잖아요. 이야기를 전달하는 전달자 역할만 하니까. "그래. 그건 맞는 얘긴데, 그럼 어떻게 좀 격렬하게 싸우는 장면을 한 번 넣어볼까." (웃음) "좀 더 강하게 싸워 보면 어떨까? 네가 남자임을 보여주면 어떨까?" "나쁜 남자로 나오는 건 싫어요. 그냥 화자로 할래요." 그래서 적당히 타협을 한 건데, 만들면서 가장 감정이입이 잘 되는 인물이 바로 봉태규 씨가 맡은 경석이라는 캐릭터였어요. 어쨌든 제가 여성에게 집중하게 되는 이유는 여성이 좀 더 관계 지향적이고 관계 집중적이라서 그런 게 아닐까라는 생각을 해봅니다.

감독님은 여성 등장인물과 남성 등장인물, 여성성과 남성성에 대해서 기본적으로 구분해서 생각하고 있는 게 아닌가라는 생각이 듭니다. 위에서 언급하신 여성성이 대안적이거나 여성성의 재현에 있어서 새로움을 갖고 있다고 생각하시는지, 그리고 자신의 영화가 다른 한국 영화의 여성 인물과 어떤 면에서 다르다고 생각하시는지요.

그게 참 어렵습니다. 저는 영화를 만들 때 십여 명의 주변 친구들을 상정해 봅니다. 이 관객들이 재미있어 할까를 말이죠. 그들 대부분은 영화하는 사람이 아니고, 가깝지도 않고, 직접 만나지도 않아요. 직접 만나지도 않는데, 그냥 머릿속으로 생각해 보는 거예요.

그중 한 명이 영화를 보고 "오빠, 실망했어"라고 말하더라고요. 왜 그러냐고 했더니, "오빠는 아직도 여성을 관계 지향적인 사람으로 위치 지우고, 그걸 부담스럽게 만들고 있어. 여자는 그렇지 않아. 모성이 우월하다는 전제를 깔면서 그것에 대한 짐을 지우고, 힘들게 하고 있어. 엄마들을 굉장히 현실적인 인물들로 그리고 있지만, 사실은 가정을 지켜야 하는 건 엄마라는 거 아니야? 이 영화는 결국 여자가 가족을 지키고, 못 나간다는 거잖아?" 이런 말을 들으니 내가 그렇게 정치적인 영화를 만들었나 하는 생각이 들더라고요. "그렇게까지 선동적일 생각은 없었다. 용서해라." "아니야. 실망이야, 오빠." 이러더군요.

이게 참 논란의 여지가 있는 발언인데, 나는 그 친구한테 '너 피해 의식이야'라고 말하고 싶었어요. 그런데 그 친구가 화가 나 있어서 내가 잘못했다고만 말했는데, 나중에는 '내가 뭘 잘 못했지?' 하는 생각까지 드는 거예요.

저는 그 친구가 자신을 굉장히 당당하게 잘 이끌어 가는 친구 라고 생각했거든요. 그런데 그 순간에 자기 자신이 아닌 여성 의 이름으로, 매우 지사적으로 걱정하고 있다고 생각했어요. 연락도 잘 안 되던 친구가 갑자기 밤에 전화해서 영화를 잘 봤 다고 그러면서 '너무 기대했는데, 오빠마저도…' 그러더라고 요. 그 친구 전화에 며칠 동안 상처가 컸었죠. '왜 이 영화가 여 성의 이름으로 여성을 더 억압하는 종류의 영화로 보일까. 세 상에 그런 사람이 한 명이라도 있으면, 그건 있는 거잖아요. 내 가 생각하는 여성성이라는 것을 강요하는 것일까, 남성들은 권 력 중심적이고 여성들은 관계 지향적이어야 한다고 강요하고 있는 것일까, 관계 지향적이기 때문에 보금자리와 모성에 약하 고, 뭔가 지키려고 하는 것이 있고, 조금 더 자유로워지지 않을 까.' 하고 계속 생각하게 되는 거죠. 아까 잠깐 말씀드렸듯이, 저는 여성성과 모성이라는 지점이 구체적으로 그리고 선택적 으로 한 개인에게 해방감을 주기도 하고, 또 다른 이들에게는 발목을 잡기도 한다고 생각하거든요.

감독님은 억압보다는 어떤 본질적인 여성성을 상정하고 있다고 생각해 요. 여성은 남성보다 더 정신적이라는 생각이 감독님의 영화에 있다는 거죠. 형식적으로 보면, 매우 사실적인 캐릭터와 상황 속에 판타지를 삽입하는 구조적인 특징도 장르 영화와의 긴장, 장르 영화에서 벗어나거나 그것과 드잡이하는 그런 것들 때문에 판타지적 캐릭터가 출현하는 게 아니라, 김태용 감독님이 생각하는 본질적인 여성성에서 나오는 것은 아닐까요. 또한 〈가족의 탄생〉에서, 공효진 씨가 엄마와 사귀는 아저씨 집으로 쳐들어가는 장면에서, 그 남자는 너무나 쉽게 자기 가족을 버리거든요.

그런 생각은 진짜 있는 것 같아요. 여성이 집에 남아 있는 것이 자연스러웠어요. 거기에 정치적 의도 같은 게 없는 건 아니지만, 그것이 여성을 더 억압적인 상황에 놓는 거라고 생각하지는 않았습니다. 그런데 남자는 책임이 없고, 여성은 자신이 맺은 관계에 대해서 끝까지 책임지려고 하는 태도로 '남아 있다' 와 '남아야 한다' 는 좀 다르잖아요. '남아야 한다' 로 이 영화가 보이나 하는 생각이 드네요. 그 점은 저도 궁금합니다. 어쨌든 저는 남아야 한다고 생각하지는 않지만, 남아 있는 사람에게 끌리는 건 사실이에요. 계속 고민되는 것 같아요. 이제 두 편이지만, 세 편, 네 편 할 때도 그렇게 크게 다를 것 같지는 않아요.

감독님 영화를 재미있게 보는 방법 중의 하나는 현실적인 것을 어떻게 다루느냐 하는 것보다는 어디에 판타지를 도입하려고 하느냐에 관심을 갖는 것이라고 생각합니다. 이 영화에서도 성가대에서 노래 부르는 공효진 씨 장면이나 아이가 춤추는 장면 같은 경우는 정서적 환기가 대단히 강렬했던 장면 중에 하나였습니다.

저는 공효진 씨가 올라가는 장면을 내 생애 최고의 컷이라 생각하고 찍었고, 자부심도 대단합니다(웃음). 그거 찍을 때도 말이 많았거든요. 어린아이처럼, '난 몰라, 난 할 거야, 할 거야. 나 이거 안 하면 안 해.' 그러면서 겨우 찍게 된 장면입니다. 논란이 좀 많았었죠(웃음).

공효진 씨의 그 판타지 장면은 좀 어설프지 않았나요? 의도였는지는 모르겠으나, 살짝 발 한 번 떼는 정도의 느낌을 받았습니다.

공효진 씨가 올라가는 장면이 기술적으로 잘 찍힌 것은 아니었죠. 그러니까 키치까지는 아니더라도 뭔가 좀 이상하고 어설픈 느낌이 저는 재미있을 거라고 생각했습니다. 그런데 나중에 다시 보니까 진짜 어설픈 것 같더군요. 사실, 정서적인 카타르시스가 나름 있는 장면이잖아요. 그래서 그것을 확 끌어올려줬으면 좋았을 것 같다는 생각은 나중에 들더라고요. 그런데 제가 판타지를 대할 때, 내러티브의 연장 개념이 아니라 오히려 관념적으로 접근했기 때문에, 에밀 쿠스트리차의 영화에서처럼 정서적인 연장과 비주얼적인 것이 같이 결합되어 어떤 신세계가 펼쳐지는 듯한 효과가 나지는 않았습니다. 다시 말해, 제가 판타지를 정서적인 연장으로 생각하지 않고, 이러이러한 판타지는 거기에 반드시 들어가야 한다는 식으로 처리하다 보니,

정서적인 연결을 가지고 보던 관객은 그 장면에서 너무 가라앉는 거죠. 그러나 정서적인 연결에 대해서 전혀 동감하지 않았던 관객들은 여자 셋이 사는 집에 남자가 찾아오는 장면에서 '어, 이게 뭐야. 이상한 집이네' 하면서 오히려 재미있어 했던 것 같기도 합니다. 이 영화는 가장 리얼한 상황에서 가장 현실적인 캐릭터가 등장하도록 세팅된 것이라서, 이 영화를 자꾸 우화라거나 판타지라고 말하는 것에 대해 그렇게 깊이 생각해 보지 않았습니다. 그런데 들어 보니, 지금 말하신 부분이 그런 지점이었던 것 같습니다.

가족이 탄생해서 〈가족의 탄생〉

이 영화는 가족이라는 개념 테두리 안에서 보면 가족이 자식 세대로 어떻게 유전되고 형성되는가 하는 것이 매우 중요한 영화라는 생각이 듭니다. 세 에피소드 모두 아이가 핵심적인 모티프로 반복되고 있고요. 그런 점에서 각 에피소드의 주요 모티프인 아이로 등장했던 봉태규와 정유미를 처음과 마지막에 배치할 수밖에 없었던 영화라는 생각이 들었습니다. 이와 관련하여 어떤 의도가 있으셨는지요.

말씀하신 대로 1부, 2부, 3부에 아이가 계속 등장합니다. 아이들이 문제를 일으키고 봉합하는 역할을 했으면 좋겠다고 생각했습니다. 아이의 역할은 멜로의 요소에 더 집중하게 해줍니다. 제목은 어떻게 하다 보니까 〈가족의 탄생〉이 되었습니다.

제목도 많이 바뀌었는데, 처음에 농담처럼 붙였던 제목은 "사랑 너머 무언가"라는 굉장히 이상한 제목이었습니다. "사랑 받고 하나 더"라는 것도 있었습니다. 관계에서 사랑 외에 확장되는 뭔가가 하나 더 있었으면 좋겠다는 생각을 했었어요. 그래서 굉장히 이상한 제목들을 많이 붙였다가, 시나리오가 완성될 즈음에 이거 가족이 탄생한 거니까 그냥 〈가족의 탄생〉으로 하자고 했죠. 〈국가의 탄생〉(D. W. 그리피스, 1915)도 아니고, 너무 거창한 것 같아 걱정했지만 일단 붙여봤어요. 아시다시피, 가제를 붙이고 진행하다 보면 정들어서 그걸 제목으로 쓰게 됩니다.

어쨌든 말씀하신 대로 아이가 중요한 역할을 합니다. 처음에는 두 사람의 관계에 대해 밀도 있는 얘기를 하려고 시나리오를 시작했다가, 둘의 얘기가 왠지 긴장감이 약한 것 같아 둘을 둘러싼 환경으로 바꾸게 되었는데, 그러면서 아이의 역할이 커지게 되었고, 결국 제목까지 〈가족의 탄생〉이 됐습니다. 처음부터 한 가족이 어떻게 이루어지는가에 대한 연구로 시나리오를 구상한 것이 아니라, 엄마와 딸은 어떻게 되는가, 오누이는 어떻게 되는가, 사랑하는 남녀가 있는데 둘은 왜 만날 헤어지고 싸우고 그럴까 등등의 가족 내의 각각의 관계에 대한 관심에서 시작해서, 시나리오가 완성될 즈음에 '아, 내가 하려고 하는 이야기가 가족 이야기구나' 라는 깨달음을 뒤늦게 얻었다고나 할까요. 그러면서 제목이 바뀌었죠.

이 영화가 대안 가족에 대한 영화라고 생각하십니까? 대중 영화가 가족이라는 점점 유연해지고 넓어지는 틀을 관객들에게 전하고 포섭하기 위해서는 매개가 필요하다고 봅니다. 이 영화에서 그 매개는 아이였죠.

대안 가족 문제는 많이 조심스러웠던 지점이었어요. 처음에 영화사 측에서는 나름의 이슈 마케팅을 해보려고 대안 가족 홍보를 했어요. '대안가족협회'에서 심상정 의원과 함께하는 대안 가족 심포지엄도 해야 하지 않겠냐고 했었어요. 기질적인 것과도 관계가 있는 건데, 어떤 재료로 구체적인 상을 만들었는데, 그것이 정답임에도 불구하고 왠지 거부하고 싶은 것이 영화 내적으로 존재했었던 것 같습니다. 대안 가족에 대한 관심도 분명히 있고, 이 영화가 대안 가족 얘기로 보일 수도 있고 그 이야기를 촉발시키는 것도 좋은데, 대안이 구체적인 시스템에 대항해 다른 시스템을 갖고 싸움을 시작한다는 것에 대해 개인적으로 약간의 불신감을 갖고 있었어요. 적절한 예인지 모르겠는데, 밥 말리가 음악은 혁명에 도움이 되지는 않지만 혁명 이후의 삶을 예상하게 해준다고 했거든요. 구체적으로, 시스템에 대한 저항은 다른 시스템으로 극복하는 것이 아니라 시스템 이후의 것에 대한 희망 혹은 뭔가 다른 얘기를 던져 주는 지점에 있다고 생각합니다. 그래서 좀 무책임하게 영화를 만드는 편인데, 던져진 재료들 중 하나가 대안 가족이 됐으면 좋겠다고 생각했습니다. 그런데 구체적으로 그 대안의 시스템을 이 영화가 보여주는가라는 질문에는, 이 작품이 꼭 그렇게만 보이는지 묻게 되는 거죠. 개인적으로, 나중에는 좀 더 확고해지길 원하는

데, 아직은 저 자신도 잘 모르겠습니다.

> 엄태웅 씨는 두 여자가 모두 아이를 거부하는 가운데 자신이 키운다고
> 나서지만 결국 배신하고, 마지막 장면에서 새 여자를 데리고 들어오죠.
> 누나는 동생이 버린 여자와 살면서 그런 동생을 내치고요. 엄태웅 씨의
> 캐릭터나 마지막 장면이 납득이 가지 않습니다.

말씀하신 지점은 시나리오를 쓸 때 참 고민이 많았던 지점입니
다. 성기영 작가와 시나리오를 같이 쓸 때, 그 마지막 장면에서
형철이 다시 등장할 것인지, 그리고 등장할 때 어떤 상태에서
등장할 것인지, 누군가를 데려온다면 어떻게 될 것인지, 데려
온 뒤에 문소리 씨는 그를 어떻게 맞을 것인지를 고민했는데,
마지막에는 단순하게 생각했었습니다. 형철이가 다시 돌아온
다는 설정 자체를 저는 좀 우화적으로 생각했습니다. 돌아온다
는 것은 의문 없이 던져진 설정이라고 생각했습니다. 돌아왔다
는데 얼마나 시간이 흘렀는지는 모르겠고, 그냥 단순하게, 남
자들이 혼자서 돌아오지는 않을 것 같더라고요. 제가 진짜 남
자들에 대한 편견이 있나 봐요(웃음). 마지막 논란은 임신이에
요. 데려온 여자가 아이를 배고 있잖아요. '또 애란 말이야?
애?' 문소리 씨와 어느 성노로 강하게 둘을 내쫓을 것인가를
두고 논란을 벌였어요. 저는 부드럽게 가야 된다고 했고, 소리
씨는 확 내쳐야 한다고 했어요. 저는 거기서 많이 배웠어요. 이
것도 아주 관념적인 것인데, 미라라는 캐릭터는 형철과 형철이

데려온 여자를 내쫓으면서 비로소 자유로워졌다고 생각합니다. 그런 생각 때문에 그들을 내쫓는 장면이 반드시 있어야 한다고 생각했어요. 미라라는 캐릭터 입장에서 보면, 너무나 말이 안 되는 이상한 장면인데, 미라와 무신은 채현을 기르면서 가족으로 살고 있는 것처럼 보이지만, 부지불식간에 가슴 한쪽에 계속 누군가를 기다리며 유지된 관계였을 거라는 겁니다. 그러나 막상 기다리는 사람이 찾아왔을 때에는 어떻게 할까? 미라는 그들을 내쫓으면서 비로소 안도의 한숨을 내쉬지 않았을까 하는, 미라라는 캐릭터에 대한 존중에서 그렇게 한 것 같아요. 저는 그 캐릭터가 자유로워졌으면 좋겠다고 생각했어요. 그래서 저는 형철이라는 캐릭터를 조금 단순하게, 사랑했던 여자가 있었지만 다시 여자를 데려올 수 있는 인물로 그렸던 것 같습니다.

> 반면에 공효진 씨가 쳐들어가는 엄마의 애인 집은 유일하게 아버지, 어머니, 자식들로 이루어진 가족인데, 그 아버지의 무력함과 "그 여자를 정말로 사랑했다"고 고백하는 대범함이 아주 잘 대비되어 드러나는 것 같습니다.

공효진 씨가 쳐들어간 그 집의 아들 둘을 보면 정말 똑같이 생겼거든요. 자세히 보면, 아버지와도 닮았고, 둘도 서로 닮았어요. 그리고 부인이 너무 시니컬하거나 못생겨서 남편이 바람난 게 아니라는 생각이 들도록, 처음 본 순간 편안하고 안정감 있는 여자를 부인으로 캐스팅하려고 했습니다. 그분이 〈여고괴담 두 번째 이야기〉에서 선생님으로 나오셨던 분인데, 기억하고 있다가 캐스팅을 했어요. 한 장면 잠깐 나오지만, 너무 중요한 캐스팅이었어요. 잘못해서 '마누라가 저러니까 바람나지' 같은 느낌을 절대 주지 말아야 한다고 생각했습니다. 저는 아저씨가 초반에는 그 부인을 사랑했을 거라고 생각해요. 지금도 사랑한다고 믿을 수 있어요. 다만 좀 애매한 건, 그 아저씨가 "그래. 사랑한다"고 이상한 억양으로 말하는 것이죠. 그리고 "진심이다. 사랑한다"고 말하죠. 앞으로 폭풍을 맞겠지만, 이 짧은 몇 초 동안은 해방감을 느꼈을 것 같아요. 이 남자에게도 어느 순간 손을 탁 놓으면서 얻는 자유로움이 들어갔으면 좋겠다고 생각했어요. 그 후 어떤 뭔가가 닥쳐올지라도 말이지요. 그런 의도로 장면을 구성했습니다. 영화가 진행되면서 내러티브가 확장되고 다시 증폭되는 느낌의 영화를 하는 것보다 조금 다른 방식으로 진행하는 것이 각 장면에 내가 집어넣으려고 하는 의도와 포인트들을 오히려 더 강하게 드러낼 수 있지 않을까 생각했습니다.

비틀고 덜컹거리면서 쓰는 배반의 서사

내러티브 전개 방식에 관한 질문입니다. 가령 〈가족의 탄생〉의 경우는 세 단락으로 나눠져 있고, 이야기가 계속 미끄러집니다. 〈여고괴담 두 번째 이야기〉 역시 내러티브의 시간 순서와 공간, 시점들을 마구 섞고,

심지어 거북이나 귀신의 커다란 눈의 시점으로 보여 주기도 합니다. 대다수 감독들은 클라이맥스를 향해 직선으로 달려가는 편인데, 꼬아가면서 덜커덩거리면서 가는 이유가 있습니까?

체질인 것 같아요. 집중력이 약해서 그런 것 같기도 하고요. 안 좋은 습관인데, 작업을 할 때, 계속 배반의 역사가 진행됩니다. 굉장히 좋은 아이디어라는 생각이 들 때가 있잖아요. 자고 일어나서 이것을 진짜 영화로 만들어야지 하면서 쓰기 시작하면, 그것이 아무리 좋은 아이디어라도 그게 아닌 다른 것을 찾으려고 많이 노력하는 편입니다. 그렇게 이야기가 만들어지면, 시나리오로 옮기면서 '이것을 시나리오로 그대로 옮기면 안 되는데, 또 다른 무엇을 찾아야 하지 않을까'라고 생각합니다. 그리고 시나리오가 완성됩니다. 시나리오를 가지고 캐스팅을 하면서 시나리오 내용과는 조금 다르게 갑니다. '여기는 너무 예쁜데, 안 예쁜 사람이 하면 어떨까' 등등. 계속 뭔가 다른 것을 찾습니다. 편집할 때도 '이렇게 붙으면 훨씬 더 괜찮은데, 좀 다른 게 있어야 하지 않을까'라고 생각하면서 계속 돌고, 돌고 합니다. 그것이 더 우월하거나 미학적인 가치가 있어서 그러는 것이 아니라, 다른 뭔가로 의식적으로 바꾸려고 합니다. 이게 좋다는 생각이 드는 순간, 다른 걸로 바꿔 보고 싶은 욕구가 체질적으로 있는 것 같아요. 결과적으로, 그것이 〈여고괴담 두 번째 이야기〉에서 거북이와 같은 여러 장치들이 생기게 된 이유인 것 같습니다. 영화 안에 재료를 막 뿌려놓고, 그것이 각각 어떤 상징을 가지고 있는지에 상관없이 머릿속으로 계속 화학적인 변화를 그려보는 취향도 있는 것 같습니다. 어떤 영화든지 간에, 어떤 요소가 내러티브에 기능적으로 기여하거나 어떤 상징을 지니는 것이 직접적이지 않고 뭔가 다른 방식으로 고민하게 만드는 영화를 좋아하는 것도 그렇습니다. 그리고 그렇게 만들어지지 않은 영화라도 제 방식대로 영화를 봅니다. 그러다 보니 〈여고괴담 두 번째 이야기〉에서 천장에 큰 눈이 그렇게 뜨게 된 겁니다. 당시에, 많은 분들이 그 장면에 대해서 물어보셨어요. "도대체 이건 미치지 않고서야… (웃음) 이 장면을 넣은 이유가 뭐냐." 그때는 사실 조금 창피해서 CG 핑계를 댔는데, 그 다음에는 기한이 너무 짧아서, 그리고 제작자였던 강우석 감독님이 좀 무섭게 해달라고 해서 그랬다고 핑계를 댔었어요. 사실, 제가 넣자고 굉장히 강력하게 우겼던 것이거든요(웃음). 저는 재미있을 거라고 생각했습니다. 정말로, 귀신이 엄청나게 크다고 생각하면서 스스로 얼마나 기뻤는지 몰라요. 귀신은 큰 사람이다. 정말 물리적으로 크다. 그리고 우리를 내려다보고 있는데, 너무 커서 우리가 못 보고 있는 것이라는 생각을 했고, 주변 사람들의 만류에도 불구하고 끝까지 집어넣었죠. 반응이 안 좋아서 그 뒤로도 제가 우겼다는 얘기를 몇 년 동안 못했습니다.

〈가족의 탄생〉은 슈퍼 16밀리를 사용해서 신선했는데, 그 때문에 프레임이 좀 제한되어 있다는 느낌이 들기도 합니다. 핸드 헬드를 많이 써서 자유로운 반면에, 굉장히 불안한 느낌을 주기도 하고요. 이 영화가 대안 가족이나 가족 공동체의 확장이라는 주제 안에서 많은 이야기가 되었는데, 그래서 '와! 따뜻한 영화다'라는 느낌보다는 오히려 불안한 느낌을 줍니다. 이런 기술적 선택이 예산상의 문제만이 아니라 감독님이 의도한 정서적 효과나 주제 전달과 관련이 있는 건지요.

카메라 문제는 일단 예산상의 문제가 제일 컸습니다. 그 결정은 조용규 촬영감독하고 같이 시나리오를 놓고 이런저런 얘기를 하다가 내려진 것입니다. 약간 불안하고, 떨리고, 콘트라스트도 강하고, 굉장히 점프 컷도 많고, 전부는 아니지만 거의 핸드 헬드 분위기가 많고, 인물의 심리를 뒷모습으로 쫓아가는 식으로 가고 싶다고 했더니, 촬영감독이 자기는 허리가 안 좋아서 35밀리는 못 든다고 하더군요(웃음). 가벼우니까 16밀리로 가자고 하셨어요. 35밀리 카메라 중에 작은 거는 비싸기 때문에 예산상의 문제로 16밀리로 간 거죠. 농담 반 진담 반인데요, 만약에 35밀리로도 촬영장을 경쾌하게 만들 수 있었다면, 35밀리 카메라로 갔을 거예요. 16밀리는 한 번 넣으면 2~3분씩 찍잖아요. 그런데 아시다시피 35밀리는 1~2분 찍다가 다시 롤 체인지를 해야 합니다. 〈가족의 탄생〉의 경우, 롤 체인지를 하다가는 다 망칠 것 같다는 느낌이 많이 들었습니다. 배우가 감정을 잡아서 가려고 하는데, "롤 체인지 하겠습니다"라고 말하고, 한참 또 기다리다가 "아까 거기서부터 다시 한 번 할까요," 하면서 롱테이크로 1~2분짜리 찍으면 또 롤 체인지를 해야 하기 때문이죠. 400자 필름 한 캔이 4분 정도 길이입니다. 촬영부 입장에서는, 감독이 정확하게 컷을 안 하는 스타일이고, 잘되면 계속 갈 수도 있을 경우, 원래 콘티가 1분 30초 정도면, 찍다 보면 2분 30초가 될지도 모르니까 미리미리 롤을 바꿔 버립니다. 촬영을 하다가 중간에 필름이 나가면 안 되니까요. 만약 35밀리인데, 촬영장에서 롱테이크를 찍을 수 있고, 배우의 호흡을 끊지도 않고, 허리에 부담도 안 가게 하는 작은 카메라가 있었다면, 그걸로 촬영했을지도 모르죠. 그런데 구하기도 어렵고, 현실적으로 많이 비싸니까, 우리가 가진 처음의 콘셉트대로 조금 거친 질감과 불안한 느낌, 그리고 인물들을 따라가기도 훨씬 좋고, 촬영장 분위기도 경쾌하고 가볍게 만들기 위해 16밀리를 택했던 거죠. 그런데 그 불안함이란 게 16밀리에 조금 더 잘 맞은 것 같기는 합니다. 그런데 기술적 측면에서 보면, 많은 부분에서 포커스가 제대로 안 맞춰졌어요. 관객과의 대화를 할 때, 제일 우선되는 질문도 "포커스가 왜 그렇게 나갔나요?" 하는 것이었습니다. 전체적으로 좀 흐리고 뿌연 질감을 보여주려 한 것은 의도였는데, 포커스가 맞춰지지 않은 그 몇 컷은 의도한 것이 아니라 기술적인 실수였습니다.

〈가족의 탄생〉의 오프닝 장면에 대해서 이야기를 하고 싶은데요, 이 장면에는 기차에 타고 있는 커플이 있고, 공효진 씨가 면접에 늦어서 박카스를 돌리는 장면이 있고, 떡볶이를 팔고 있는 문소리 씨가 등장하면서 세 개의 에피소드를 예시합니다. 앞에 등장한 커플은 사실 문소리와 공효진 씨의 아래 세대잖아요. 어떻게 보면, 영화 속 세계가 평행하게 놓여 있기가 어려운 내러티브인데, 그것을 마치 등가처럼 제시하면서 일종의 혼란을 야기하고, 그것들을 유혹이자 미끼로 기능하게 한다고 생각했습니다. 또 이상했던 것이 둘만 한쪽 끝에 같이 앉아 있고 기차 안에 사람이 아무도 없어요. 영화의 후반부에 기차 장면이 다시 나오는데, 봉태규 씨가 정유미 씨를 쫓아 내려갈 때는 사람들이 앉아 있는데, 그중 사람들이 없는 한 컷이 들어가 있어요.

일종의 시간의 착시효과로, 그들이 동시대에 존재하는 것처럼 프롤로그를 구성하면 재미있을 것 같다는 생각을 했습니다. 기차 안에서 찍을 때도 참 말이 많았습니다. 기차 장면이 두 번 나오는데, 한 번은 영화의 시작이니까 뭐가 뭔지 모른 채 '둘이 주인공인가 보다. 무슨 얘기를 하는 거야. 어디론가 가네' 라는 식으로 관객들에게 과거로 여행을 떠나는 것 같은 느낌을 주려고 했습니다. 아주 비현실적이거나 판타지는 아니지만, 조금 다른 게 있진 않을까라는 생각에 세팅이나 미술을 조금씩 바꾸었습니다. 기차 안에 승객이 별로 없는 것으로 설정을 했고, 뒤의 기차와는 조금 다르게 하기로 했습니다. 그리고 내용적으로도 조금 다른 게, 둘이 실제로 아는 사이인 것 같기도 하고 모르는 사이인 것 같기도 하게 만들었죠. 처음 만나서 하는 대화인 것 같기도 하고, 실제로 잘 아는 사람들이 "안녕하세요" 하고 인사하는 역할 게임을 하는 것 같기도 한 혼선이 있어요. 사실은 조금 더 길었어요. 그 장면을 찍을 때, 더 길고 더 많이 바꿔서 편집해 봤습니다. 그런데 핵심은 과거로 인도해 주는 기차

안이고, 거기서 핵심적인 단어는 "아, 참 친절하시네요"라는 지점이었던 것 같아요. 그 친절함 때문에 나중에 문제가 될 거라는, 자신이 끌렸던 지점이 결국 자신에게 독이 되어 돌아온다는 느낌을 초반에 주고 싶었던 거죠. 그런데 실질적으로 촬영을 할 때는 논란이 아주 많았어요. "감독님, 이게 우리가 처음 만나는 거예요? 아니면 우리가 아는 사이예요?"라고 배우들이 물었어요. 그때 감독이 배우들한테 "그럴 수도 있고, 아닐 수도 있다"라고 말할 수는 없는 거잖아요. 그래서 "아는 사이끼리 역할 게임을 하는 건데, 처음 만나는 것처럼 보였으면 좋겠어"라고 불분명한 연기 디렉션을 했어요. 대부분의 장면에서 비교적 분명한 욕구가 있고 명백하게 나아갈 지점이 있는 연기 디렉션을 좋아하고 또 그렇게 하는 편인데, 그 장면 같은 경우는 저도 많이 헷갈린 상태에서 했어요. 어쨌든 아는 사람이 역할 게임을 한다는 느낌이었으면 좋겠다고 생각했어요. 이를테면, '모르는 두 사람이 처음에 어떻게 시작했는가'로 보였으면 좋겠다고 생각했고, 그래서 생각이 많아졌던 장면이었어요. 뒷부분의 기차 장면은 승객이 많다는 설정이었어요. 승객 없이 촬영한 게 들어간 건 착오였던 것 같습니다. 그건 못 볼 줄 알았는데, 어떻게 보셨어요? (웃음) 클로즈업으로 따고 들어가면 대부분 뒷사람이 잘 안 보이니까 좀 안일하게 찍었던 겁니다.

1990년대 중반이나 후반에 비해 소위 작가라고 부르는 감독들의 성향이 많이 변했다고 생각합니다. 지금은 — 예를 들면, 미장센영화제 같은 곳을 가보면 ― 학생들조차도 장르를 가지고 놀고 있다는 느낌을 받습니다. 비평적, 흥행적 권력을 갖고 있는 감독들, 예를 들면 박찬욱, 김지운, 봉준호 감독들이 결국 장르로 돌아와서 관객들을 유인한 다음에 그 과정 어디에선가 자기만의 길로 새버리는 전략을 나름대로 효과적으로 전개하기 때문이라고 봅니다. 〈가족의 탄생〉 같은 경우를 보면, 매우 독특한 이야기이긴 하지만 어떤 장르에 속해 있다는 느낌을 애매하게 주면서 거역하는 부분이 있고, 〈여고괴담 두 번째 이야기〉의 경우, 전형적인 괴담이지만 상당히 개인적인 스타일의 취향들이 잠복해 있다는 느낌을 받았습니다. 장르와의 충돌에 대해서는 어떻게 생각하시는지요. 영화 산업 내에서 영화를 만드는 감독들은 적어도 한국에서는 장르를 가지고 씨름해야 된다고 생각하시나요.

참 어려운 문제입니다. 저도 계속 고민하는 문제이기도 하고요. 저는 어려서부터 장르 영화를 좋아했고, 그걸 선호하며 만들어 왔어요. 그 안에서 자기 인생사를 변형시켜 왔다는 점에서 장르가 어떤 지향점 같다는 느낌은 있어요. 소통의 방식으로 장르적인 약속이라는 것을 이미 쌓아왔으니까요. 이미 쌓아온 것을 최대한 존중하고, 제가 어렸을 때부터 텔레비전에서 보고 좋아했던 영화를 해야겠다는 생각을 합니다. 그런데 이상하게 자꾸 발목을 잡는 것들이 있어요. 굉장히 사적인…. 저는 결국에는 그렇게 만들고 싶은데, 그렇게 가는 과정들이 선택을 해서 될 것 같지는 않아요. 하나씩 하나씩 더 해결해야겠다는 생각을 합니다. 어떤 친구들은 〈여고괴담 두 번째 이야기〉처럼 장르적인 테두리가 더 확고한 부류의 영화라면 오히려 내가 더 재미있어 하지 않겠느냐고 얘기합니다. 가족 멜로드라마 같은 영화들은 장르적인 컨벤션이 별로 없는 부류니까요. 제가 워낙 옆으로 새기 좋아하니까, 장르 같지 않은 장르 영화를 만들면 오히려 위험하죠. 어쨌든 큰 틀거리가 있는 영화를 하는 게 좋지 않겠느냐고 하는데, 그런 영화를 만들게 될지는 모르겠지만, 그런 영화를 지향하고는 있어요. 그런데 영화 작업을 하려고 컴퓨터를 켜고 자판을 두드리는 순간부터 의도치 않은 이상한 사적인 다른 관심들이 자꾸 튀어 나오더군요. 그래서 이런 상태에 있습니다. 특별히 비장르를 선호하거나 더 동경하거나 더 우월하다고 생각하지는 않습니다.

현장은 일단 들어가라!

〈여고괴담 두 번째 이야기〉는 원래 시나리오 분량이 길었습니까.

아니요. 시나리오를 미처 완성하지 못한 채 촬영에 들어갔어요. 전체를 아무도 가늠하지 못 했을 겁니다. 당시에 전체 내용을 68쪽 정도로 정리했는데, 정리한 것도 감독 둘이 시나리오대로 찍으면 되는 완벽한 상태가 아니었어요. 이런 느낌으로 가면 되겠다는 정도로 거칠게 정리된 상태였어요. 그래서 그 시나리오랑 상관없이 촬영 전날 계속 대사를 쓰고 다시 장면을 만들었어요. 그러다 보니 촬영하면서 장면이 많이 늘어났어요.

러닝타임이 세 시간 넘도록 찍는다는 건 산업적으로 보면 좀 문제가 있지요. 그런데 시간만 지킨다면 — 30회라는 것만 지킨다면 — 장면을 더 많이 만들고 찍어서 편집을 해보고 싶다는 생각을 했었어요. 그 영화를 할 때는 말이죠. 그래서 거칠게 만들어진 시나리오에 덧붙일 수 있는 라인이 생각날 때마다 민규동 감독이랑 토론해서 다시 장면을 바꾸고, 그 다음날 찍고 또 바꾸고 그랬죠. 그런 식으로 라인을 더 만들기를 좋아했습니다.

〈여고괴담 두 번째 이야기〉를 30회에 찍었다는 건 상당히 경이적입니다. 그것도 두 신인 감독이요. 신인 스태프들을 데리고 어떻게 30회에 찍었죠.

눈빛이 대신하는 거죠. 매일 현장에서 계속 같이 하니까요. 기술적인 것도 있었을 거예요. 공간이 학교와 야외 몇 군데로 한정되어 있었어요. 학교가 80퍼센트 정도 되고, 20퍼센트 정도가 야외 촬영이었는데, 방학이 끝나서 어쩔 수 없이 학교 대신 야외를 찾아서 찍었습니다. 〈여고괴담 두 번째 이야기〉편집본은 거의 세 시간 반 정도 됐어요. 그때는 촬영은 편집의 재료라는 마인드로 가능한 많이 찍었는데, 〈가족의 탄생〉의 경우에는 정말 시나리오대로 찍어야 했습니다. 그래서 두 시간이 넘을지 안 넘을지에 대해서 굉장히 긴장했습니다. 작품을 많이 하지는 않았어도, 영화판에서 시간이 7, 8년 흐르다 보니까, 이번에는 시나리오대로 두 시간 미만으로 정확히 나왔어요. 촬영은 총

48회를 했습니다. 상영 시간을 못 맞추면 자기가 구상하는 페이스와 편집 페이스가 달라져 힘들어집니다. 그래서 시간에 대한 컨트롤이 중요한 것 같습니다.

> 저예산 영화를 하는 데 있어 어떤 부분에서 희생을 하게 되나요. 혹시 스태프 구성 부분은 아닌지 궁금합니다. 또 촬영 현장에서 감독으로서 어떤 점이 가장 어려웠는지요.

운이 좋아서 그런지, 제가 같이 일한 스태프들은 나름 충무로에서 잘 나가시는 분들이었습니다. 아무래도 희생은 스태프 자체라기보다는 스태프의 임금 부분인 것 같습니다. 모든 스태프들이 3분의 2 정도를 받았고, 석 달 안에 끝낸다는 약속을 했죠. 프리프로덕션을 두 달 안에 하고, 아무리 길어도 다섯 달 안에 다 끝낸다는 약속을 했어요. 약속이 지켜져서 그다지 큰 불만은 없었던 것 같습니다. 촬영감독에게도 약간의 인맥과 친분으로 양해를 구했죠. 배우들은 적게 나오니까 적게 받아야 하는 거 아니냐고 얘기하면, 대부분 그러면 적게 받는 배우를 쓰라고 하죠. 그런데 〈가족의 탄생〉에 출연한 배우들은 특이하게도 다 자신들이 받는 개런티의 반 이하를 받으면서 시작했습니다. 그래서 제작비가 십 몇 억이 가능하게 된 거죠. 이 정도 배우들을 쓰면, 보통 평균 제작비가 한 35억 돼요. 개런티를 많이 깎았기 때문에 먹을 건 다른 현장보다 더 풍족했습니다. 그리고 제 스타일이 크레인 등 장비를 많이 사용하지 않는데, 그래서 돈

김태용 **69**

을 좀 아낄 수 있었고, 촬영 회차를 줄이고 공간도 한정시켰습니다. 시나리오를 쓴 후에 제작이 어려울 수 있다는 것을 감지하였기 때문에, 제작비를 낮추기 위해 다시 시나리오를 고쳤어요. 그때 많이 절약한 것 같아요. 공간을 많이 줄이고, 한 공간에서 할 수 있는 것이 있으면 그것으로 바꿨어요.

저예산이어서 어려움이 있고 희생이 있다면, 시나리오 자체를 예산에 맞게 고쳐야 합니다. 시나리오를 보고 투자를 결정할 때, '이 시나리오는 100억을 써야 잘 만들 수 있는 영화야. 혹은 이것은 10억을 써도 잘 만들 수 있는 영화야' 라는 식으로 접근하지 않아요. '이 영화는 100만 명 들 영화니까 10억 써. 이 영화는 500만 명 들 영화니까 100억 써.' 이렇게 결정이 돼요. 시장 규모에 따라 제작비가 들어가니까, 만약에 100억이 들어야 잘 만들 영화인데 50억을 써서 영화가 이상해지는 것보다는 시나리오를 고치는 게 낫다고 생각하는 편입니다. 그래서 1억을 들이면 1억에 맞는 최적의 시나리오로 바꿔야 하는 거죠.

〈여고괴담 두 번째 이야기〉는 삭제된 장면이 꽤 많았던 걸로 기억합니다. 삭제할 장면을 선택하고 편집할 때 노하우나 중점을 두는 점이 있는지요. 이제 현장에 가야 할 후배 영화인들에게 선배 감독으로서 해주시고 싶은 말씀이 있는지요.

저는 편집을 많이 좋아하는 편입니다. 시나리오를 쓰고 촬영할 때부터 어떻게 편집을 할 것인가에 대해 미리 준비하고 생각하는 편입니다. 좋다 나쁘다를 떠나서, 이게 조언이 될 수 있을지 모르겠는데, 워낙 경우마다 다 다르니까요. 〈여고괴담 두 번째 이야기〉에서 감당이 안 될 정도로 삭제 장면이 많았어도 재미라고 생각했습니다. 물론 컨트롤 못한 것도 있었지만, 반은 마음대로 찍는다는 생각이 있었습니다. 〈가족의 탄생〉은 딱 맞춰서 찍으려고 작정을 했죠. 빠진 몇 개의 장면은 시간 때문에 뺀 게 아닙니다. 〈가족의 탄생〉의 경우, 상영시간이 1시간 50분이니까 조금 늘여서 2시간이 돼도 크게 문제는 없었는데, 시간 때문이라기보다 반 정도는 연출적인 면에서 생각이 달라졌어요. 반 정도는 연출적인 과오랄까. 찍을 때부터 알아요. 찍을 때 '아 이건 빼겠구나' 이런 느낌이 와요. 편집실에서 시간 때문에 꼭 넣고 싶은 장면을 잘라야 된다고 한다면, 너무 단순한 얘긴데, 최초의 관심을 떠올려요. 영화를 찍을 때는 드라마의 리듬과 내러티브, 스토리로 관심이나 생각이 바뀌죠. 사람마다 다르겠지만, 최초의 관심은 드라마가 아니었을 수도 있어요. 드라마에 흠이 간다 할지라도 최초의 관심을 지킨다는 생각으로 가는 거죠. 캐릭터일 수도 있고, 관념일 수도 있죠.

두 번째 질문에 대해서는 저도 힘들어서 어떻게 답해야 할지…. 봉준호 감독과 류승완 감독에게 미장센영화제에서 심사를 하는 이유에 대해서 물은 적이 있었죠. "거기 가서 왜 심사해? 심사하면 뭐가 좋아?"라고 물었더니, 봉준호 감독이 "거기서 잘하는 애들을 본 다음에 싹을 밟는 거야. 우리도 살기 힘들거든. 딱 보면 잘 하는 애들이 있거든. 걔들 상 주면 금방금방 데뷔하고, 우린 또 살기 힘들어. 잘 하는 애들은 무조건 떨어뜨려야 해"라고 농담을 하더라고요(웃음). 현장 얘기를 많이 하잖아요. 현장에 가려면 굉장한 각오가 필요한 것 같고, 생각과 다른 것 같고 그렇죠. 저도 그렇게 생각했어요. 충무로 사람이랑 같이 일한다는 게 굉장히 무서웠어요. 바로 몇 년 전인데도, 그때는 너무 무서울 것 같고, 너무 막 대할 것 같고, 논리가 통하는 데가 아닐 것 같고, 진짜 이상한 데 같았거든요. 하지만 가보니까 충무로 밖에 있는 사람들이 더 나쁜 사람들이었어요. 나이에 따라서 다르긴 하겠지만, 어떤 직종이든 한 번 부딪혀보는 게 어떤가 싶습니다. 일단 연출 쪽이면, 연출부를 해보거나 제작부를 해보는 게 좋을 것 같습니다. 그런데 웬만하면 빨리 제작에 들어가는 영화를 하는 게 좋습니다. 제가 아는 친구는 연출부를 십 년 했는데, 한 편도 못했어요. 한 편 하다가 엎어지면 1, 2년이 그냥 지나가는 거잖아요. 저의 경우에도 〈여고괴담 두 번째 이야기〉를 한 후 〈가족의 탄생〉을 연출하는 데 7년 걸렸습니다. 그렇다고 6년 동안 딴 거 한 게 아니라 24시간 내내 영화만 생각했어요. 물론 연극도 하고, 다른 것도 했지만, 그래도 사이클이 너무 길지 않습니까? 시나리오 한 편 쓰는데 6개월은 기본이고, 어영부영하다 보면 1년 걸리고. 이 시나리오는 안 된다고 바로 말하지도 않아요. 될 것 같기도 하고 안 될 것 같기도 한 과정을 거치죠. 이러면 2~3년이 흘러요. 기술적으로 현장에 들어가야 해요. 빨리 촬영에 들어갈 것 같은 작품이 있어요. 일단 현장에 한 번 가보면, 현장에 대한 거부감도 없어지고, 구체적으로 자기가 뭘 할 건지도 알게 됩니다. 밖에서 볼 때와는 많이 다릅니다. 연출이 안 맞고 다른 직종이 더 적성에 맞을 수도 있잖아요. 일단 무조건 해보는 게 좋다고 생각합니다.

| 어떤 영화가 빨리 들어갈 수 있는지 어떻게 알죠.

캐스팅이 됐는지, 그리고 누가 캐스팅이 됐는지를 보세요(웃음). 빨리 들어가는 건 일단 경험을 쌓는다는 면에서 좋습니다. 연출을 하겠다고 이미 마음을 먹은 상태라면, 빨리 들어가든 안 들어가든 이런 것이 중요한 것 같지는 않고, 아예 한 작품에 처음부터 끝까지 참여하는 것을 한 번 권하고 싶습니다. 어떤 감독들은 연출부와 함께 시나리오 단계부터 작업을 하잖아요. 어떻게 기획되고, 어떻게 시나리오가 써지고, 어떻게 제작사와 만나고 등등의 과정을 경험하면서 한 2년 정도 그 작품에 참여하게 됩니다. 그것도 빨라야 2년인 거죠. 처음부터 연출을 지향한다면 말이죠. 연출보다는 현장에서 영화 일을 하려는 사람들도 일단 빨리 들어가서 한 번 보면, 내가 어떤 일을 할 것인지가 생각보다 훨씬 더 구체적으로 다가올 겁니다.

| 김태용 감독님께 영화는 무엇입니까?

설마 했는데 이런 질문이…. 이제 한 10년 정도 영화를 만들어 오고 있어요. 저는 금방 싫증을 내는 타입이었어요. 어머니가

항상 "너는 장난감을 한 달 이상 갖고 논 적이 없다"고 그러셨어요. 제가 "영화를 하겠습니다." 그랬더니, "어. 해라." 그러시더라고요. 어차피 일 년 정도 뒤면 안 할 거니까 전혀 걱정하지 않으셨어요. 그런데 이삼 년 시간이 흐르면서, 이상하다 그러시다가, 영화아카데미에 들어간다고 하니까, "거기 돈은 주는 곳이니?" 그러시면서 조금씩 실감을 하셨어요. 그런데 너무 신기한 것은 하면서 영화가 너무 너무 재미있어진다는 거예요. 시간이 지날수록 더 재미있어져요. 그 전에는 약간의 강박, 즉 무엇을 이야기할 것인가에 대한 강박이 있었던 것 같아요. 영화하기 전에는 훨씬 더 컸었던 것 같은데, 영화를 하면서 그 강박으로부터 조금씩 자유로워지는 느낌이 들어요. 김현 선생님이 어떤 글에서 "글을 쓰는 것은 쓸 얘기가 있어서가 아니라 쓰고 싶어서 쓰는 것"이라고 하신 것을 본 적이 있는데, 그런 느낌이 어떤 건지 알겠더라고요. 지금도 영화로 무슨 얘기를 할까 하는 고민에서 조금 벗어나, 지금 뭔가를 하고 싶다, 자꾸 뭘 던지고 싶다는 욕구가 더 많이 생깁니다. 이미 준비되어 있는 것을 영화로 표현하는 게 아니라, 영화라는 행위 자체가 나한테는 계속 생각하는 틀을 준다고 할까요. 생각과 영화가 따로 있지 않다는 느낌을 받습니다.

봉준호

〈괴물〉

봉준호

한국영화아카데미에서 영화 교육을 받은 후 단편 〈지리멸렬〉을 만들어 1994년
밴쿠버영화제와 홍콩영화제에 초청을 받았다. 2000년 장편 데뷔작 〈플란다스
의 개〉로 홍콩영화제 국제영화비평가상과 뮌헨영화제 신인감독상을 차지했
다. 흥행과 작품성에서 큰 성공을 거둔 〈살인의 추억〉과 〈괴물〉은 봉준호 감독
을 스타 감독의 반열에 올려놓았다. 칸영화제를 비롯해서 각종 국제 영화제에
서 유명 감독이 된 그는 〈마더〉에 이어, 여전히 자신의 대표작이 될 작품을 준
비하고 있다.

〈마더〉(2009)
〈도쿄!〉(2008)
〈괴물〉(2006)
〈이공〉(2004)
〈인플루엔자〉(2004)
〈살인의 추억〉(2003)
〈싱크 & 라이즈〉(2003)
〈플란다스의 개〉(2000)
〈지리멸렬〉(1994)
〈프레임 속의 기억〉(1994)
〈백색인〉(1993)

그는 이미 너무나 많은 인터뷰를 했고, 너무 많이 알려졌으며, 이미 너무나 큰 스타였다. 그가 참석한 대담 자리에는 아니나 다를까 가장 많은 사람들이 몰렸다. 영화학과 대학원생과 학부생뿐만 아니라 안내 포스터를 본 타과생들이 강의실에 잔뜩 몰려왔다. 넓은 강의실에는 앉을 의자가 없을 정도로 많은 사람들이 들어찼다. 사람들은 봉준호 감독의 말 한마디 한마디에 많이 웃었고, 진지했으며, 공감의 표정을 지었다. 봉준호 감독은 크게 〈플란다스의 개〉, 〈살인의 추억〉, 〈괴물〉을 플롯으로 해서 장르 영화로의 자기 진화에 대한 이야기를 했다. 시기가 시기였던 지라 〈괴물〉에 대해 가장 많은 시간을 할애했다 봉준호 감독은 인간적이면서도 동시에 너무나 명석한, 커다란 덩치와 에이젠쉬타인 같은 곱슬머리에 그의 총명한 눈매까지 닮은 그런 감독이었다. 그는 설득의 천재였으며, 사람을 집중하게 하는 자신만의 카리스마를 갖고 있는 그런 감독이었다.

장르 영화의 알레고리

> 봉준호 감독의 세 영화(〈플란다스의 개〉 〈살인의 추억〉 〈괴물〉)는 공히 '알레고리'의 화법을 동원합니다. 알레고리의 전략을 일관되게 구사하는 이유가 있는지요.

알레고리의 화법을 의식하고 시나리오 작업에 들어가지는 않았습니다. 다만 실종이 있고 추적이 있다고 했을 때, 그 추적하는 주인공들이 하자가 많고 결함이 많다는 점이 특이한 점입니다. 저는 시나리오를 쓸 때 항상 그런 인물들한테 끌립니다. 그런 인물들이 만들어내는 드라마는 훨씬 더 파괴력이 있습니다. 예를 들어, 슈퍼 히어로가 손쉬운 미션을 수행하면 모든 것이 간단하게 끝나버리고 드라마는 싱거워집니다. 그런데 결함 많고 문제 많은 사람들이 자기들이 감당할 수 없는 미션들을 수행할 때는 코미디도 나오고, 비극도 나오고, 인간적인 감정들도 터져 나온다고 생각합니다.

그리고 제 영화는 항상 어떤 무엇을 통해서 더 크거나 다른 무엇을 얘기했던 것 같습니다. 〈살인의 추억〉에서는 연쇄살인 사건을 통해서 80년대를 들춰보았고, 〈괴물〉에서는 괴물과 싸우는 불쌍한 가족을 통해서 국가나 사회 시스템이 왜 약자들을 돌봐주지 않나, 혹은 여러분들이 그런 시스템의 도움을 받아본 적이 있는가 등의 질문을 던졌던 것이 사실입니다. 그러나 지금은 그런 방식에 회의가 드는 것도 사실입니다. 말씀하신 알레고리가 영화를 풍부하게도 해주지만 동시에 모호하게도 만들 수 있는 두 가지 면이 다 있는 것 같습니다.

〈살인의 추억〉이나 〈괴물〉을 통해서 한국의 정치적 상황들이 환기되기도 하지만, 지나치게 에둘러가는 우회로를 택했고, 그 양상 또한 분열증적이라는 비판에 대해서 어떻게 생각하시는지요.

분열증적이라고까지는 말하고 싶지 않지만, 이중적인 면이 있습니다. 그러나 지나치게 에둘러가는 우회로를 택했다는 표현은 좀 적절치 않은 것 같습니다. 오히려 구체화 과정에서 이중적이거나 모호함이 드러났다는 생각은 듭니다.

감독님 작품의 엔딩은 여타의 장르 영화처럼 모든 것이 다 해결되고 고양되는 엔딩이 아니라 뭔가 좀 미심쩍으면서도 허탈한 엔딩이라고 여겨집니다. 박찬욱 감독은 이전에 봉준호 감독, 김지운 감독 등 자기 세대 감독들의 영화는 시작에서는 목표 지향적 플롯 안에서 어떤 목표 지향적인 인물들을 그리는데, 결말에 가서는 '어, 목표가 뭐였지?' 그러면서 스스로 반문하게 되는 상황에 곧잘 빠지는 공통점이 있다고 말한 바 있습니다.

사실, 영화를 만들면서 나는 지금 장르 영화를 만들고 있다고 명확하게 인식한 적은 없어요. 그런데 장르를 이용하거나 장르에서 출발하는 건 사실인 것 같습니다. 제가 영화를 만들어서 보여주는 게 버스를 운전하는 거라고 치면, 버스에 버스번호를 붙이듯이 장르를 딱 표지판으로 내걸어서 일단 관객들을 태우는 거죠. '이 영화는 연쇄 살인 스릴러예요, 괴물 영화예요' 하면서 관객을 태운 다음, 문을 닫고 내 멋대로 가는 거죠. 예기치 않은 결말을 향해서 가는 건데, 이는 저의 개인적인 어떤 것과 관련이 있는 것 같습니다. 제가 어릴 때부터 할리우드 영화를 많이 보며 자라서 그런지 그런 장르의 컨벤션들을 즐기고, 좋아하고, 또 미국 장르 영화들만이 주는 흥분에 익숙해져 있습니다. 다시 말해, 그런 영화가 주는 흥분감에 익숙해져 있고, 동시에 반복으로 인한 식상함을 혐오하는 이중적인 감정이 있습니다. 결말을 보면, 실제 사건에 근거한 것인데도 범인을 못 잡고 끝이 난다거나, 〈괴물〉에서 플롯의 목적은 딸인 현서를 구하는 거였는데, 현서는 허무하게 죽고, 세주라는 남자아이가 송강호의 품에 들어오는 식의 이중적인 해피엔딩인지 비극인지 애매한 그런 결말에 자연스럽게 도달한 것 같습니다.

그래서인지 해외에서 상영한 후 인터뷰나 관객과의 대화를 하다 보면, 〈괴물〉에 여러 장르가 섞여 있다는 말을 많이 들었던 것 같습니다. 비극과 코미디와 서스펜스 등이 섞여 있다는 이야기도 들었습니다. 그건 저의 본능적인 부분인 것 같습니다. 그런데 박찬욱 감독님께선 세대의 동질성이나 그런 측면에서 접근하신 것 같은데, 사실 저는 박찬욱, 김지운 감독님보다 훨씬 젊고요(웃음), 제가 평할 부분은 아니지만, 김지운 감독님은 장르에 가장 많이 천착하고 계시고, 장르 자체의 아름다움을 많이 지향하시는 측면이 있는 것 같습니다. 박찬욱 감독님은 장식에 대한 강박이 있는 것 같고요.

한국적 리얼리티는 바로 아이러니에서 나온다

〈살인의 추억〉에서 살인자를 찾기 위해 여자 경찰을 중심으로 함정 수사를 하는 장면이 있습니다. 여기서, 숲속에서 카메라가 여경을 바라보는데, 그 카메라의 시점은 김상경의 시점으로 밝혀집니다. 그리고 후반에 숲속에서 두 여자를 놓고 고민하는 듯한 카메라의 시선이 있습니다. 이것은 범인의 시선이겠지요. 이런 시점 숏들이 반복되는데, 하나는 경찰이고, 하나는 범인입니다. 이 영화의 내러티브에서 감독이 범인의 시점 숏을 쓴다는 것은 나중에 범인을 분명히 보여주기 위해서라는 생각이 들게 하는데, 영화 끝나고 그게 아니었다는 걸 알게 되면서 일종의 트릭 같은 느낌을 주었습니다. 결국 범인이 누군지도 모르는 감독이 범인의 시점을 사용하는 것은 그 이야기 공간에서는 구조상으로 허용될 수 없는 부분인데, 왜 이런 시점을 사용했는지 궁금합니다.

〈살인의 추억〉에서, 그 장면은 핸드 헬드로 범인의 시점에서 먹이를 선택하듯이 피해자를 선택하는 부분입니다. 왜 그 장면이 있어야 했는가에 대해서는 복잡한 사연이 있습니다. 이 영화에서 보면 실제 살인이 일어나는 장면은 거의 없어요. 피해자는 이미 시체가 되어 있고, 경찰은 사체가 있는 현장에 늘 뒤늦게 도착하죠. 여자는 이미 살해되어 있고, 남자들은 항상 뒤늦게 도착하는 거죠. 유일하게 초중반에 이문세 씨의 노래를 부르면서 지나가는 여인이 살해되는 순간이 잠깐 공포스럽게 나오는데, 그때는 피해자의 시점으로 사건이 묘사되었습니다. 그리고 대부분의 희생자들이 이미 죽은 상태로 영화에 등장하게 되면서, 관객들 또한 희생자들을 사체로서 만나게 됩니다.

그런데 전미선이라는 인물은 사적인 자신의 이야기를 갖고 있는 등장인물입니다. 박두만(송강호)과의 관계에서 주로 드러나죠. 여중생 또한, 전미선처럼 본격적인 인물은 아니었지만, 김상경의 동선과 겹쳐서 배치되어 있습니다. 한마디로 오며가며 자주 보는 아이로 설정되어 있습니다. 그런 식으로 여중생도 사적인 영역을 갖고 있다고 볼 수 있습니다. 그 두 인물이 서로 교차하면서 거기서 희생자가 선택됩니다. 우리는 우리와 감정적인 무언가를 공유한 사람이 아닌 시체 상태의 희생자만 보다가 우리와 어느 정도 친밀감이 생성되어 있고 드라마 안에 연루되어 있는 인물이 죽을지도 모른다는 생각에 갑자기 확 감정이 이입되는 거죠. 거기서 강렬한 서스펜스가 유발되지요.

그리고 개인적으로 보면, 저는 그 여중생에 대해서 오랫동안 느꼈던 슬픔이나 분노 같은 게 있었습니다. 이는 〈살인의 추억〉을 찍어 나가는 감정적인 원동력 같은 거였습니다. 제가 화성 연쇄 살인 사건을 조사하면서 알게 된 건데, 제9차 사건의 희생자는 당시 나이 열여섯인 김미정이란 친구였습니다. 그 친구의 실제 사진을 보면 얼굴이 참 곱고 예뻐요. 열여섯밖에 안 된 아이인데, 영화에서 묘사된 것과 똑같은 방법으로 가장 참혹하게 죽은 희생자입니다. 저는 그걸 보면서 무척 분노했습니다. 형사들이 얼마나 무능하고 국가나 사회가 얼마나 한심하기에 — 지금쯤 여러분들 나이 또래가 돼서 캠퍼스를 활보하거나 직장을 다니고 있었어야 할 — 열여섯 살 아이를 죽인 범인을 잡지 못하는 것일까 하는 생각이 들더군요. 분노는 바로 그런 것에 대한 것입니다. 왜 살인을 못 막아서 이 여중생까지 죽게 만들었는가. 그 참혹하고 끔찍한 연쇄 사건이 우여곡절 끝에 그 여중생에게까지 도달하는 과정의 정점을 전미선 씨와 교차하는 바로 그 장면에서 표현하고 싶었습니다. 그래서 저는 그 장면에 최대한 악센트를 주고 싶었습니다. 하지만 영화에서 범인의 얼굴을 찍을 수가 없는 관계로 범인의 시점 숏을 사용해서 찍을 수밖에 없었습니다. 결론적으로, 그 시점 숏은 이런 살인에 대한 욕망을 관객과 공유하거나 부도덕한 쾌락적 관점을 보이려고 했던 게 아니라, 범인의 얼굴을 찍지 못하는 영화의 조건 때문에 선택된 시점이라고 할 수 있습니다.

사실, 우리 누나, 이모, 엄마, 할머니가 다 죽을 수 있었던 거고, 누구나 그 범위 안에 있을 수 있었던 거죠. 단지 이런 공포스럽고도 우스꽝스러운 순간적인 선택에 의해 희생자는 결정되었던 것이고, 그 비극의 마지막 클라이맥스에서 너무나 불쌍한 그 여중생이 있었다는 것인데, 그걸 표현할 수 있는 방법은 시점 숏밖에 없었습니다. 일부 변태적인 성향을 가지신 분은 그 장면에서 희생자를 내가 막 선택하는구나 하는 식으로 쾌감을 느꼈을 수도 있죠. 희생자와 다행히 희생당하지 않은 여성의 삶과 죽음이 갈라지는 그 정점의 순간을 강렬하게 보여주기 위해서는 시점 화면밖에 없었어요. 범인의 눈동자를 보여줄 수가 없으니까.

> 감독님의 영화에는 공포나 어둠, 심연 등 공포 영화적 코드가 자주 등장합니다. 그런데 혼란스러운 건 감독님의 모든 영화에는 코믹이 끼어들어가 있다는 겁니다. 역사의 미궁을 보여주기 위해 공포 영화 코드를 넣는 것은 쉽게 이해가 가는데, 왜 그런 코믹한 장치들을 배치하는지가 궁금합니다. 공포와 코미디를 같이 병치시키면서 왜 이상한 아이러니를 만들어 내는지에 대해 듣고 싶습니다.

아이러니라든가 또는 관객 입장에서 뭔가 찝찝하면서도 웃음이 나오는, 시원하게 끝까지 웃을 수 없게 만드는 요소, 저는 그게 중요하다고 생각합니다. 15분마다 한 번씩 관객이 웃어야 한다는 강박을 가지고 의도적으로 코믹한 포인트를 배치한다거나 그런 건 아니에요. 아까 말씀드렸다시피, 제 영화의 주인공들은 감당할 수 없는 미션에 처한 결함 많은 인물들입니다. 그런 인물들의 행동에는 웃긴 것들이 많이 나올 수밖에 없는 잠재성이 있죠. 예를 들어, 〈살인의 추억〉에서 형사들이 무당집을 찾아간다거나 거기서 했던 이상한 행동들은 실제 사건이나 에피소드에서 차용한 것들입니다. 실제로 그런 것들이 꽤 많습니다. 그러니까 연쇄 살인이라는 사건의 틀이나 짜여 있는 판 자체는 굉장히 비극적이고 슬픈 것임에도 불구하고, 그 안에서 개별적으로 움직이는 사람들의 행동은 마음껏 웃을 수는 없지만 되게 우스꽝스럽다는 거죠. 〈괴물〉의 합동 분향소 장면도 사실 어떻게 보면 슬퍼야 할 장면인데, 주인공 가족들이 뒤엉켜 쓰러져 있고, 심지어 경비가 자동차를 빼라고 하는 것도 되게 웃긴 상황이죠.

저는 그 자체의 총합은 전체적으로 사실적이라고 생각합니다. 실제로 그런 합동 분향소의 현장들을 수도 없이 목격해 왔습니다. 그래서 저는 오히려 그 합동 분향소 장면이 코믹한 게 아니라 가장 리얼한 장면이라고 생각합니다. 실제로 벌어지는 일들이 지닌 엽기적이고 코미디 같은 양상들에 비하면 제 영화에 나오는 이중적인 부분들은 오히려 작게 그려진 거죠. 저도 실제로 겪은 일이지만, 장례식장에 가보면 골목에서 누군가가 와서 계속 차를 빼달라고 하고, 그러면 문상 왔다가 차를 빼주러 뛰어 나가고 합니다. 이런 것이 한국적인 리얼리티라고 생각합니다. 사실, 저는 실제 생활에서 진지하게 30분 이상 얘기하는 사람을 못 견뎌 합니다. 농담이나 웃음을 통해서 그 안에 뼈가 있는 얘기를 하는 게 더 의미심장하다고 생각하는 사람이고요, 뭔가 찝찝한 웃음일지라도 그런 웃음을 통해서 각인되는 어떤 정서나 주제가 상처처럼 오래 간다고 생각합니다.

〈괴물〉의 맨 마지막 장면을 보면서 봉준호 감독이 대한민국이라는 국가, 국민이나 소시민 등을 어떻게 바라보고 있는지 궁금하더군요. 〈살인의 추억〉에서의 시위 장면, 〈괴물〉에서의 환경 운동 단체의 시위 장면에는 국가나 시스템에 대한 대단히 냉소적인 시선이 내재해 있다고 생각됩니다. 감독님은 해결되지 않은 실패한 역사나 사건을 보여줄 때, 〈괴물〉의 변희봉, 송강호, 그리고 대체된 아들로 이어지는, 무능하고 실패한 남성 가장의 계보를 통해 보여주고 있는 게 아닌가 하는 생각도 듭니다.

정치사회적인 코멘트나 배경들이 제 영화에 많이 들어가긴 하지만, 제가 궁극적으로 관심을 갖고 있는 건 개별적인 캐릭터입니다. 한국 사회가 워낙 개인화가 덜 되어 있어 그런지 몰라도, 개인적인 것들을 건드리다 보면 사회적인 것이 자연스럽게 나와요. 이상하게 얽혀 있는 것 같아요.

　〈괴물〉에서 가족들이 받는 핍박은 여러 층위를 갖고 있습니다. 민간 차원에서는 돈을 뜯어가는 흥신소 직원에서부터 뇌물을 요구하는 공무원, 말을 안 들어주는 경찰, 좀 더 조직적인 것으로는 있지도 않은 바이러스 설에 의해서 움직이는 조직들, 국가나 공권력이 있습니다. 또 그 위에는 바이러스 설을 유포하고 에이전트 옐로우를 살포하려고 하는 미국이 있죠. 심지어 배신하는, 대기업 직원인 선배를 포함해서 말이죠. 하여튼 노숙자를 제외하고는 모두가 도움커녕 가족을 곤경에 처하게 만듭니다. 하지만 저는 이런 핍박을 통해 주인공 가족 중에 누가 각성을 한다거나, 예를 들어 클라이맥스에서 분노한 박해일이 마지막 화염병을 미제의 심장인 에이전트 옐로우를 향해 던져 그것을 파열시킨다는 식의 장면들은 닭살이 돋아서 도저히 찍을 수가 없는 사람입니다.

저는 오히려 이들을 압박하거나 괴롭혔던 정점에는 분명히 미국이라는 존재가 있는데, 이 미국이 우리의 소시민 주인공들과 얼마나 멀리 떨어져 있는지를 보여주고 싶었습니다. 마지막 장면에서 바이러스 사태였다는 텔레비전 보도가 나옵니다. 그때 송강호는 발가락으로 텔레비전을 탁 끄고 밥을 먹습니다. 저는 현실적으로 그게 리얼리티에 더 가깝다고 생각합니다. 송강호가 미국 상원 위원회의 바이러스 조사 발표 장면이 나오는 텔레비전을 발가락으로 꺼버리고 다시 밥을 먹으면서 남자 아이한테 김이 모락모락 나는 밥을 먹여 주는 것이 박해일이 미국 사람 또는 에이전트 옐로우를 향해 화염병을 던지면서 끝나는 것보다 더 의미가 있고 리얼하다고 생각합니다. 그리고 그런 종류의 재앙이 터졌을 때, 재앙의 대부분이 국가나 시스템이나 누적된 역사적 문제로부터 비롯되는 것임에도 불구하고, 대부분의 소시민들은 그런 재앙을 내면화하거나 개인화시키는 경향이 있다고 생각합니다. 이는 한국 사람의 특징이라고 할 수 있습니다.

대구 지하철 화재 사건 때 죽은 딸의 아버지가 한 인터뷰를 보면, 그 아버지는 지하철의 구조적인 문제를 지적하는 게 아니라 '내가 돈을 좀 살 벌었으면 대학에 입학하자마자 애한테 자가용을 사주었을 텐데, 내가 그걸 못 사준 탓에 애가 전철 타다 죽었다'는 식으로 자기를 학대합니다. 삼풍백화점 붕괴 사고로 지하층에서 죽은 아르바이트생의 부모도 합동 분향소에서

'내가 돈을 못 벌어서 우리 애가 아이스크림 가게에서 아르바이트를 하다가 죽었다'고 가슴을 쥐어뜯으면서 울부짖습니다.

저는 자본주의의 구조적인 문제를 파고 들어가는 것은 사회과학 서적들이나 다큐멘터리 같은 장르에서 해야 되는 거고, 극영화에서는 그런 재앙들이 개인들한테 얼마나 이상하게 비극적으로 전이되는지를 보여 주어야 한다고 생각합니다.〈괴물〉에서도, 좀 우스꽝스러운 형태이지만, 가족 성원 모두가 시스템의 피해자인데, 시스템에 대한 얘기를 하는 사람은 거의 없습니다. 오히려 자기들끼리 서로 물고 뜯으며 싸우죠. "왜 다른 집 딸내미를 잡고 뛰었느냐, 병신아"라면서요. 그건 사실 그 재앙의 본질하고는 아무런 상관이 없는 것이죠. 저는 그런 데에서 인간적이고 영화적인 순간이 드러난다고 생각합니다. 그래서 시스템에 대한 집단적인 대항과는 달리 개인들의 구조적 문제에 대한 독자적인 내면화가 생기는 거고, 그 차이가 제 영화에서 그렇게 드러난다고 생각합니다.

〈괴물〉의 마지막 장면에 대해서 말하자면, 영화는 송강호가 세주한테 밥상을 차려주면서 끝이 납니다. 밥상을 차려주는 이 행위는 사실 그 가족들이 가장 하고 싶었던 거고, 궁극적인 목적이었습니다. 영화 중반에 보면, 관객들이 그 장면에서 웃기도 하는데, 현서가 환상처럼 나오는 부분 있잖아요. 피곤에 지친 가족들이 매점에 들어가서 컵라면을 먹는데, 현서의 환상이 나오죠. 저는 개인적으로 그 장면이 이 〈괴물〉이라는 영화의 핵심이라고 생각했습니다. 물론 좀 엉뚱하고 갑작스러운 판타지 장면이라서 좀 뜨악하긴 하지만, 개인적으로 가장 중요하게 찍고 싶었던 핵심적인 장면이었어요. 그렇게 애타게 현서를 찾아다니면서 가족들이 바랐던 것이 바로 그것이니까요. 송강호가 병원을 탈출할 때도 "현서가 며칠째 굶은 거지?"라고 말하면서 탈출을 합니다. 부모 입장에서는 자신의 아이가 굶고 있다는 것은 기본적으로 피가 역류하는 것이기 때문에 아주 원초적이고 본능적인 경험이라고 할 수 있습니다. 사실, 그 가족들은 바이러스가 어떻게 된 건지 알 수도 없고, 또 미국의 백악관과 이들 간의 거리는 어마어마하게 먼 것이지요. 단지 딸을 다시 찾아와서 가족 모두가 둘러앉아 밥을 먹는 게 이들의 목표였는데, 현서가 비극적으로 죽었기 때문에 대신 세주를 앉혀놓고 밥을 먹이는 결말은 약간 쓸쓸하지만 나름의 해피엔딩이라고 저는 생각했습니다. 그것이 마지막 장면에서 세주가 나오는 이유이기도 합니다.

세주의 관점에서 영화를 뒤집어서 생각해 보면, 영화 속에서 가장 약자인 세주의 보호자는 계속 바뀌게 됩니다. 처음에는 형을 따라다니다가 현서와 강두로 릴레이처럼 바뀝니다. 그 관점에서 보면, 사실 국가나 사회나 시스템은 가족들을 전혀 도와주지 않는데, 오히려 약한 사람들끼리 서로 돕고 있다고 볼 수 있습니다. 그것도 약자들이 세주를 보호하죠. 사실, 미국에 대한 풍자라느니 바이러스로써 이라크 전을 풍자했다느니 하는 해석은 어떻게 보면 지극히 표면적인 해석이라고 할 수 있습니다. 괴물 영화 장르에 대해서 몇 십 년 후에나 하는 징후적인 해석, 즉 '그 영화에서 괴물은 매카시즘을 상징합니다'와 같은 거라는 거죠. 사실 영화에서 구체적으로 보이는 것은 국가나 시스템이 외면하는 가운데 약자들이 서로 릴레이 하듯이 보호하는 그런 거였습니다. 그 최종 결과물이 바로 가장 약자인 세주가 김이 나는 밥을 먹는 것이고, 그렇게 영화는 끝이 나는 겁니다. 그래서 영화의 마지막 장면은 나름대로 해피엔딩이라고 여겼습니다.

> 봉준호 감독은 우리가 늘 보는 공간을 이상하게 보여주는 힘이 있다는 생각이 듭니다. 〈플란다스의 개〉에서는 아파트를 추격전의 배경으로 쓰고, 또 유명한 보일러실 시퀀스에서는 평범한 보일러실이 갑자기 공포 영화의 세트장처럼 무슨 일이 벌어질 것 같은 공간으로 변모됩니다. 〈살인의 추억〉의 첫 장면은 추수가 끝난 아주 평화로운 농촌 풍경이지만 지하 배수구에 썩어가는 시체가 있고, 〈괴물〉의 경우에는 우리가 잘 안다고 생각하지만 사실 잘 알지 못하는 한강의 이면을 탐사하듯이 보여주고 있습니다.

공간을 화면으로 만드는 일은 재미있는 일입니다. 오디션을 하면서 새로운 배우나 연기자를 만났을 때 흥분되는 것 이상으로, 우연히 길을 가다가 새로운 공간을 만나면 거기에 압도되곤 합니다. 예를 들어, 〈플란다스의 개〉에서는 조잡스러운 아파트 복도나 엘리베이터 공간에서 조잡스러운 추격전이 벌어지고, 〈살인의 추억〉에서는 언급하신 서정적인 전원 풍경, 농

협 광고에나 나올 법한 분위기에서 시체가 나옵니다. 공간 자체를 좋아하지만, 저는 사실 그 공간을 스펙터클로 만든 적은 없는 것 같습니다. 옛날 한국 영화들은 해외 촬영을 가면 본전을 뽑기 위해서 어떻게든 공간을 볼거리로 만들어 버리곤 했는데, 저는 그런 시도는 별로 한 적이 없었던 것 같습니다.

다만 우리를 둘러싼 일상적인 공간 자체를 좀 아이러니하게 도입하고 있는 건 맞습니다. 제 영화에서는 일상적으로 다니는 공간을 볼거리로 만들기보다는 생경하고 이상하게 조합을 하거나 이상한 사건이 벌어지는 장소로 만들어 버리는 경우가 많습니다. 〈괴물〉의 초반부에 묘사된 한강은 일상적인 묘사라고 생각합니다. 그런데 그런 일상적인 공간에 갑자기 괴물이 나타나고, 그것들과 조합되면서 아주 이상하고 생경한 것이 됩니다. 전체적인 관점에서 봤을 때, 〈괴물〉에서 한강은 일상적인 공간과 초현실적인 공간이 동시에 있는 장소로 변합니다. 영화가 새로운 비주얼이나 분위기를 얻어내야 할 때, 이전에는 해외 로케나 오지에서 촬영함으로써 얻었는데, 이제는 그게 아니라 한강이나 아파트 단지처럼 일상적인 곳을 이상한 맥락이나 기이한 상황과 조합시키는 거죠. 사실 〈괴물〉이라는 영화 역시 다른 게 아니라 한강 — 우리가 버스나 전철을 타고 다니면서 매일 보는 그곳 — 에시 괴물이 나온다는 생경한 조합이 좋아서 시작했던 영화입니다.

홍상수 감독의 영화를 보면, 그가 포착한 서울이 대단히 특이하다는 데에서 가끔 놀라곤 합니다. 홍상수 감독이 보는 서울은 걸어다니면서 보는 서울이 아닌가 생각합니다. 봉 감독님 또한 특이한 공간을 찾기 위해 어떤 노력을 하시는지요.

〈살인의 추억〉의 경우는 제작부랑 연출부들이 작정을 하고 전국으로 퍼져 80년대 흔적이 남아 있는 장소를 찾아다녔습니다. 〈괴물〉의 경우, 한강은 평소에도 자전거를 타고 자주 다녔고, 자전거를 탄 채로 빗물처리를 하는 하수구까지 쭉 들어가기도 했습니다. 현서가 잡혀 있다고 설정된 원효대교 북단 아래쪽 또한 자전거를 타고 가다가 발견한 곳입니다. 한강이란 데가 무슨 오픈 세트처럼 우리가 맘껏 컨트롤할 수 있는 데가 아니라서, 공간을 먼저 섭렵한 후에 거기에 맞게 시나리오를 썼습니다. 공간 맞춤형 시나리오라고 할 수 있지요. 지리적 리얼리티를 중시했는데, 동시대에 같은 장소에 살면서 영화를 보는 사람들에게 약간 색다른 재미를 줄 수도 있겠다는 생각에서 그랬던 것 같습니다. 영화를 보고 난 다음에 금방 또 볼 수 있으니까요.

문제는 캐릭터

〈플란다스의 개〉는 10만 명의 관객을 동원하는 데 그쳐, 흥행에 실패한 영화입니다. 〈살인의 추억〉이 엄청난 관객을 동원하면서 갑자기 흥행 감독이 되었는데, 영화를 흥행시키기 위해서 이전과 다르게 의도적으

〈플란다스의 개〉가 정확하게 9만 8천 명이 들었는데, 〈괴물〉의 전야제 스코어가 14만 명이어서 이게 어떻게 된 건가 싶었었죠. 〈플란다스의 개〉를 만들 때는 제가 강박관념을 갖고 있었어요. 그러니까 저의 네 번째 영화여야 된다는 강박관념을 말이죠. 제가 그 전에 단편을 세 편 찍었는데, 변변치 않은 단편이지만 왠지 그 연장선상에 〈플란다스의 개〉가 있어야 한다는 강박관념이 있었습니다. 충무로에서 장편 영화로 데뷔를 한다지만, 저는 그 영화가 단편 영화를 만들었던 방식이나 느낌들의 연장선상에 있어야 된다고 생각했습니다. 남들은 이 장편 영화를 나의 데뷔작이라고 할지 몰라도, '나에게 있어서는 네 번째 영화여야 해' 라는 순진한 강박관념에 사로잡혀 있었습니다. 그래서 〈플란다스의 개〉를 보고 단편 영화 같다고 하거나, 제 단편 영화인 〈지리멸렬〉과 비슷하다고 한 분도 계셨습니다. 옆집 강아지를 어떻게 했는데 알고 보니 성대 수술을 한 개였다는 등 플롯 자체가 굉장히 자질구레한데, 그것을 설명하니까 주변에서 굉장히 말렸어요. 왜 그런 걸로 장편에 데뷔를 하려고 하느냐면서요. 그런데 그런 얘기를 들을수록 오기가 발동해서 더 자질구레하게 만들겠다는 생각을 했었죠. 부말랭이를 가지고도 반전을 만들 수 있다는 걸 보여주자고 생각했을 정도로 강박관념이 점점 더 심해지면서 그것에 충실했던 영화입니다. 그런데 다행히 그 영화가 저예산 영화였고, 회사에서도 전혀 간섭을 안 했어요. 그 당시에 제작사가 커지다 보니까, 저의 영화는 회사 한 구석에 있는 마이너리티 동아리 팀에서 찍는다는 느낌도 받았어요. 투자를 받을 때도 〈화산고〉 시나리오에 껴서 패키지 투자를 받았거든요. 제가 〈화산고〉 덕에 데뷔할 수 있었던 거죠. 그렇지만 저는 나름대로 흥행이 되리라는 순진한 기대를 했었어요. 아까 말씀 드렸던 것처럼 버스에 승객을 태울 생각을 못 했던 거죠. 태운 다음에 마음대로 가야 하는데, 아무도 안 탄 버스를 저 혼자 막 몰고 간 거예요. 어느 방향으로 가는 게 문제가 아니라 버스가 텅텅 비었다는 것이 문제였습니다. 그때부터 말씀하신 대로 대중들과 소통하기 위해서는 기본적으로 장르적인 슬로건이나 깃발을 — 어차피 내 안에 그런 성향들이 있으니까 — 표면적으로 강조할 필요가 있겠다는 생각을 했습니다. 전략적인 부분이었어요. 〈살인의 추억〉이나 〈괴물〉을 하면서도 저의 취향대로 갔었던 건데, 대신 버스 번호판을 걸어본 거죠. 이를테면 이건 스릴러인 척 번호판을 붙이는 거죠. 사실은 농촌 스릴러인데, '이건 80년대 영화다, 80년대를 돌아보게 만드는 영화다'라고 하면서요. 〈괴물〉도 '남녀노소 와서 보세요. 괴물이에요. 그것도 한강에서'라는 번호판을 딱 내걸고 차에 태우는 거죠. 그 차이였던 것 같아요. 버스에 태운다는 개념이 없었던 것 같아요. 첫 번째 장편 영화인 〈플란다스의 개〉를 통해서 배운 게 있다면, 대중과 소통하는 면이었던 것 같습니다.

〈살인의 추억〉 같은 경우에는 일단 사건 자체가 크죠. 그런 것에 도전하고 싶은 마음이 들었습니다. 사건을 존중하는 영화이고, 죽은 사람들이나 사건에 대한 예의를 지켜야 하는 영화라고 생각했습니다. 〈괴물〉 같은 경우에는 제가 고등학교 때부터 생각했었고, 머릿속에서 계속 굴려오다가 그 시각효과를 한번 감당해 볼 수 있겠다는 생각이 들어서 했습니다. 물론 그게 허황된 거라 죽을 고생을 했지만요. 〈살인의 추억〉의 프리프로덕션을 할 때 이미 〈괴물〉을 준비했었어요. 〈괴물〉과 〈살인의 추억〉이 〈플란다스의 개〉와 약간 다른 성격을 갖는다면, 그건 장르에 대한 슬로건이라든가 일단 버스에 태우고자 하는 유혹의 손길 같은 게 있느냐 없느냐의 차이인 것 같지만, 안으로 들어가면 그렇게 큰 차이가 있다고는 생각하지 않습니다.

〈괴물〉은 고아성 양을 제외하고는 한두 편 이상 함께 작업했던 배우들을 다시 기용했는데, 이럴 때 장단점은 무엇인지요.

컴퓨터 그래픽과 시각효과를 예산에 맞춰서 하려니까 중압감과 고통이 너무 심했습니다. 주연 배우 중 누구 한 명과 트러블이 생기거나 커뮤니케이션이 안 되면 영화가 붕괴된다는 공포감이 있었으니까요. 그래서 친숙하고 눈빛만 봐도 마음이 통하는 사람들로 구성을 했는데, 그 덕을 많이 봤습니다. 굳이 단점을 꼽자면, 시나리오를 쓸 때 배우들을 미리 정해놓고 쓰는 방식입니다. 출연 배우의 말과 행동을 잘 알면, 저는 평소에 술 마시면서 나눴던 얘기들이나 그 배우의 독특한 눈짓이라든가 말할 때의 이상한 버릇 등을 영화에 다 넣습니다. 그런 것이 유리한 측면이기는 한데, 함정도 있더라고요. 캐릭터의 의외성이라든가 캐릭터를 더 확장할 수 있었던 부분들이 이로 인해 은연중에 어느 정도 갇히게 되는 단점이 발생하는 거죠. 그런 점에서 고아성 양 같은 경우는 영화가 처음이고 오디션을 통해 뽑아서 그런지 오히려 신선하고 집중력 있게 보이지 않았나 하는 생각도 듭니다.

> 〈괴물〉에 나오는 노숙자는 마치 괴물과 싸우기 위해 갑자기 등장한 캐릭터라는 생각이 들더군요. 시나리오 상에서 처음부터 그렇게 기획한 건지요.

영화의 구조 자체가, 사실 병원을 출발하고 나면, 가족들이 현서를 찾아 헤매는 한강변의 로드무비의 형태를 띠고 있습니다. 아버지(변희봉)가 죽고 나서는 심지어 가족들이 다 흩어져 세 명의 동선도 갈라지죠. 그 노숙자가 영화 초반에 분량이 있었는데 잘려 나갔거나 그런 건 아닙니다. 찍은 게 다 나온 겁니다. 생뚱맞은 인물인 게 사실이고 뜨악하게 등장하기도 하죠. 그러나 사실 그 사람만 뜨악하지도 않습니다. 흥신소 집단이라든가, 임필성 감독이 연기했던 선배라든가, 검문소를 통과할 때 동전함을 뺏어가는 공무원 등 드라마의 매 단계 단계마다 필요한 인물이 등장했다가 퇴장합니다. 노숙자뿐만 아니라 그 전의 다른 인물들도 갑작스럽게 등장하고 퇴장하는 것을 반복합니다. 드라마가 단계별로 그렇게 흘러가는 구조이고 또 그런 흐름이 있는데, 그 노숙자 캐릭터가 워낙 강렬하고, 그 사람의 등장 자체가 뜬금없다기보다 왜 클라이맥스 장면까지 쫓아와서 휘발유를 붓고 활약을 하는지가 뜬금없었던 것 같아요. 그 부분은 제가 생각해도 좀 문제가 있는 것 같고, 논리적인 근거도 별로 없습니다.

감독님에게는 공통된 여성 캐릭터 이미지가 존재한다는 생각이 듭니다. 〈플란다스의 개〉의 배두나 씨와 〈괴물〉의 고아성 씨가 맡은 역에서 알 수 있죠. 정상적으로 사고하고 행동하며, 원하든 원치 않든 극적인 정점에 다가가는 인물상을 보여준다는 점이 그렇습니다. 감독님께서는 어떤 캐릭터를 여성이라고 상정했을 때와 남성이라고 상정했을 때 차이가 있다고 생각하시는지요.

사실 〈살인의 추억〉과 〈괴물〉에서는 영화 전체를 끌고 가거나 핵심적인 위치를 점하고 있는 캐릭터는 없었다고 생각합니다. 〈플란다스의 개〉에서 배두나 씨는 엉뚱하게 별 대책도 없으면서 사건을 향해 돌진하는 그런 캐릭터였죠. 그리고 이성재 씨의 아내로 나오는 김호정 씨 캐릭터는 굉장히 현실적인 인물로 그려지죠. 〈괴물〉에서 현서는 사실 상황에 충실한 캐릭터라고 생각합니다. 그런데 워낙 다른 캐릭터들이 좀 정상이 아닌 것처럼 보이니까 유일하게 제 정신을 갖고 있거나 집중력 있는 사람으로 보이는 상대적인 측면이 있는 것 같습니다. 〈살인의 추억〉에서 여성 등장인물은 여순경인데, 마치 다방 종업원이나 경리의 위치로 전락해 있는 여순경이 나옵니다. 그런데 라디오에 대한 결정적인 제보 등은 그 여순경이 하는데, 수사를 하면서도 경찰 집단 내에서 그 여순경의 지위가 상승하느냐 하면 그것도 아닙니다. 그 이후의 장면들을 보면 또 커피 타고 전화 받고 있어요. 전 그게 80년대 리얼리티라고 생각해서 그렇게 묘사를 했습니다. 사실, 여자 캐릭터에 대해서 집중적으로 심도 있게 다뤄본 적은 아직 없다고 생각합니다.

〈괴물〉의 특수효과에 상당히 관심이 많습니다. 디지털 캐릭터를 캐스팅해 작업할 때는 미국에 특수효과를 맡긴 걸로 알고 있는데요. 실사에 디지털 캐릭터를 사용하는 데 있어 충고해 주실 부분이 있나요.

여담이지만, 학생 여러분께는 CGI(Computer Generated Imagery) 영화는 되도록 하지 말라고 권하고 싶어요. 미학적인 것 외에 감독이 소모하는 게 너무 많아서, 굳이 하시려면 에너지를 많이 비축하신 시점에서 하시길 권합니다. 저는 〈살인의 추억〉으로 이미 몸에 기가 한 번 빠진 상태에서 하느라고, 정말 안 좋은 표현이지만, 피똥을 싸면서 죽는 줄 알았습니다.

디지털 캐릭터를 캐스팅한다는 표현이 재미있네요. 주인공 중의 한 명이고, 살아 숨 쉬는 캐릭터를 만들어야 하니까 디지털 캐릭터 맞네요. 일단 괴물을 디자인하는 과정이 매우 어려웠습니다. 〈괴물〉 시나리오를 시작할 때부터 이미 저랑 류성희 미술감독은 이것을 디자인해 줄 캐릭터 디자이너를 찾는 것이 급선무였어요. 〈에일리언〉을 만든 리들리 스콧Ridley Scott 감독에게는 기거H. R. Giger라는 뛰어난 스위스 화가가 있었잖아요. 그 사람은 에일리언을 디자인하기 전에 이미 순수 화가로서 명성이 있었던 사람이고, 독특한 화풍을 지닌 화가입니다. 그러나 우리에게는 순수 미술 쪽에서 디지털 기술에 접근하는 분이 있었던 것도 아니었고, 괴수 영화나 만화가 많은 것도 아닌 상황이었죠.

〈괴물〉의 메이킹 북이나 DVD를 보시면 괴물 캐릭터가 발전되어 온 과정이 담겨 있습니다. 시행착오와 복잡한 여러 과정을 거쳐 현재의 괴물이 되기까지의 과정들이 다 담겨 있습니다. 말씀하신 그 캐스팅의 관점이 무척 중요한데, 컴퓨터 그래픽으로 만든 사물이나 인물도 캐릭터가 있어야 되잖아요. 그런데 그 미세한 캐릭터를 잡아 나가는 과정이 쉽지 않았습니다. 그 과정에 여러 회사의 수백 명의 아티스트들이 참여하고 있었습니다. 사실, 미국의 오퍼니지Orphanage 사가 모두 다 한 건 아니고, 미국의 오퍼니지, 호주 회사, 뉴질랜드 회사, 한국의 두 회사, 이렇게 다섯 회사가 참여하고 있었어요. 물론 핵심적인 CG 애니메이션은 오퍼니지에서 다 한 거죠. 그 다음에 괴물과 상관없는 배경 CG 이미지, 예를 들면 마지막 장면에서 눈이 내리는 건 다 컴퓨터 그래픽이거든요. 괴물과 관련 없는 컴퓨터 그래픽은 한국의 EON이라는 회사에서 했고, 또 여러분이 잘 구분할 수 있는지 모르겠는데, 괴물이 등장하는 120개의 숏 중에서 10개의 숏은 CG 이미지가 아니라 실제 모형의 괴물이 나온 장면입니다. 일대일 사이즈로 만든 모형인데, 애니메트로닉스라고 합니다. 호주에 있는 존 콕스 크리처워크숍이라는 회사에서 만든 건데, 〈꼬마 돼지 베이브〉를 작업했던 회사입니다. 클라이맥스에서 현서를 입에서 빼내는 장면은 CG가 아니라 그 안에 들어가 있는 애들을 실제로 빼낸 거예요. 뉴질랜드 회사는 최종 모델링의 슈퍼바이저를 해주었고요. 또 물리적인 특수효과가 있는데, 대표적인 건 괴물이 방역 트럭을 덮치는 숏에서 나옵니다. 그 트럭은 실제 트럭이고, 실제로 거기에 쇠로 만든 무거운 추를 떨어뜨려서 차의 유리가 깨지고 찌그러지는 걸 실사로 찍었습니다. 그런 다음, 추가 떨어지는 부분을 괴물의 관절로 만든 뒤에 그걸 합친 겁니다. 추를 그렇게 세팅해서 떨어뜨리는 것과 같은 그런 모든 것들을 프랙티컬 이펙트, 즉 물리적인 특수효과라고 하는데, 이건 한국의 피처비전이라는 회사가 했습니다. 이 다섯 개 회사가 아주 유기적으로 움직여야만 비주얼 이펙트가 나오는 거죠. 그 과정을 총지휘하는 건 아주 복잡하고 어려웠습니다. 그 와중에 또 괴물에 캐릭터까지 부여해야 했습니다.

저랑 시각효과 슈퍼바이저였던 케빈 레퍼티라는 미국 사람과 〈괴물〉 형상을 만든 장희철 디자이너하고 이야기한 것은, 괴물이 악역인데 카리스마를 풍기는 악역이 아니라 약간 현실적인 실수도 하면서 자기가 실수한 것 때문에 더 신경질을 내는 그런 악역을 만들자는 것이었습니다. 〈파고〉에 나오는 스티브 부세미와 같은 악역 캐릭터를 많이 참조했습니다. 그러다 보니 빗물에 미끄러지기도 하고 굴러 떨어지기도 하는 약간 이상한 성격의 괴물이 탄생한 거죠. 그러다가 흉포하게 변하면 아버지(변희봉)를 꼬리로 둘러서 죽이는 등 잔혹하고 신경질적인 면도 보입니다. 한마디로 캐릭터에서 예측 불가능한 면이 중요했어요. 왜냐하면 이게 고질라처럼 사이즈로 압도하는 것도 아니고, 에일리언처럼 크기는 작지만 표독한 카리스마가 있는 것도 아니기 때문에, 우리 괴물은 예측 불가능성이 있어야 관객이 최소한의 긴장이나 서스펜스를 느낄 수 있을 것이라고 생각했습니다.

그런데 조금 전에 얘기한 것처럼, 다섯 개 회사에 소속된 약 100명의 아티스트들이 모여 하는 작업이라 그 작업 규모 때문에 이런 뉘앙스를 실현시키는 게 굉장히 힘들었습니다. 또한 한국 영화 산업 역사에 그런 전통이나 노하우가 쌓여 있지 않아서 저도 한 일 년 넘게 혼자서 비주얼 이펙트 공부를 따로 했습니다. CIneFX 같은 잡지를 보면 전문가 수준의 내용들이 다 들어 있어, 그 잡지의 과월호를 사다놓고 공부하면서 작업했습니다.

〈괴물〉이 재미없다?

〈괴물〉에 대해서 이야기를 할 때 반미에 대한 이야기가 많았는데, 아이러니하게도 괴물을 처음 발견하고 그와 맞서 싸우는 사람들은 송강호와 미군입니다. 그것을 어떤 의도로 배치했는지 질문 드리고 싶습니다.

도날드라는 미군을 넣은 이유에 대해서, 외국에 나갔을 때, 인터뷰를 한 적이 있습니다. 미국이 좀 문제가 있지만 미국인 개인으로 보면 착하고 훌륭한 사람도 있고, 그래서 용감하게 싸우는 개인인 도날드라는 인물이 있지 않은가 하면서요. 그런데 사실 저의 속마음은 할리우드 영화에서 미국이 했던 것을 그대로 따라하며 복수한 겁니다. 제임스 카메론의 〈트루 라이즈〉라는 영화를 보면 악당이 중동계입니다. 그렇게 악당을 설정하면 너무 노골적이니까 주인공 아놀드 슈워제네거와 함께 활약하는 팀 멤버 중 한 사람을 꼭 중동계로 설정하지요. 약간 정당화하면서 무마시키는 거죠. 그 패턴을 따라한 겁니다. 007 시리즈나 80년대와 90년대 오락 영화를 보면 중동이나 북한 사람들이 항상 악의 실체로 나왔었죠. 할리우드 영화에서 그런 식으로 제3세계 사람들을 악역으로 설정하고 그걸 무마시키기 위해서 반대쪽에 카운터 캐릭터를 놓는 걸 한 번 따라해 본 거예요. 너희들도 한 번 봐라, 이게 어떤 느낌인지. 우리도 그렇게 할 자격이 있으니까.

일반적인 괴수 영화에서는 괴물을 초반부터 계속해서 노출시키는데, 〈괴물〉은 오히려 안 보여 주는 방식을 채택했던 것 같습니다. 그렇게 만드신 특별한 이유가 있는지요.

〈괴물〉이 다른 영화들보다 괴물을 감추면서 서스펜스를 유지하는 방식이 있는 게 사실이지만, 또 반대로 다른 영화들보다 초반에 괴물을 다 보여주는 두 가지 방식이 있었다고 생각합니다. 보통 괴물 영화에서는 괴물의 꼬리를 보려면 한 시간 정도는 기다려야 합니다. 그게 괴물 영화의 컨벤션이죠. 클라이맥스에서 괴물의 전모가 다 드러나는 식이죠. 〈에일리언〉이 등장한 후 그런 전통이 쌓여 갔는데, 그런 영화들은 사실 괴물의 신비감에 의존해서 스토리를 풀어 가기 때문에 그렇다고 할 수 있습니다. 괴물의 생김새, 약점, 탄생의 비밀 등으로 영화를 이끌어 가는 거죠. 그러나 〈괴물〉은 괴물이 등장한 이후의 스토리가 더 많습니다. 괴물이 아이를 납치함으로써 벌어지는 사태와 바이러스로 인한 소동 등이 그것입니다. 그러니까 내러티브 구조상으로도 괴물이 초반에 나올 수밖에 없습니다. 저는 사실 괴물이 14분 만에 나오는 걸 통쾌하게 여겼어요. 그것도 대낮에 햇살을 반짝반짝 받으면서 나오잖아요. 그래서 촬영감독님이나 다른 사람들은 너무 모험 아니냐고 걱정을 했습니다. 만약에 이 영화에서도 다른 괴물 영화와 동일한 패턴으로 어둠 속에서 꼬리가 살짝 나오고 한 20분 정도 지나서 무릎이 나오면 관객들에게 괴물의 실체에 대해서 계속 신경을 쓰게 만들 것 같았습니다. 그래서 관객이 컴퓨터 그래픽의 퀄리티를 맘에 들어하건 아니건 간에, 초반에 그것도 백주 대낮에 실체를 다 보여주고 '우리 괴물은 이 정도다. 봐라. 경사면에서 구르기도 한다. 먼지도 나고' 하면서 매 맞을 거 일찍 다 맞고, 이후부터는 내가 제시하는 스토리만 따라오라는 거였죠. 그래서 초반에 직사광선 아래서 보여주는 게 맞는 방법이라고 생각했습니다. 그것은 괴물 영화의 답답한 전통을 깨보자는 것이기도 하고요. 그리고 또 사실 영화가 출발하는 콘셉트 자체가 한강에서 괴물이 나온다는 거잖아요. 그런 만큼 일상적인 한강이라는 공간에서 뜸을 들여 어둠 속에서 나오는 것보다는 오히려 아주 생경하게 충격적으로 준비가 안 되었을 때 나오는 게 맞다고 생각한 겁니다.

그러나 그 이후부터는 괴물이 잠깐씩 화면에서 사라지면서도 서스펜스나 긴장감은 지속시키는 방법을 많이 쓰게 되었는데, 그것은 제한된 예산 때문이었습니다. 처음에 괴물이 180개 숏에 등장하는 걸로 설계가 되어 있었는데, 예산 문제에 봉착해서 120개 숏으로 줄였습니다. 이렇게 압축하는 과정에서, 예를 들어 괴물이 조류 보호 연구소 같은 가건물로 들어가는데, 그 안에 괴물이 있는 걸로 설정이 되어 있지만 괴물은 안 보입니다. 왜냐하면 괴물이 등장하는 한 개의 숏을 찍으려면 2천만 원에서 3천만 원이 들기 때문입니다. 우리가 온갖 수단 방법을 다 동원해서 가장 국제적인 특수효과 팀들로써 가장 싸게 한 가격이 그 가격입니다. 예를 들어, 조지 루카스가 운영하는 ILM 사에서 이 작업을 하면, 숏 당 1억에서 1억 3천만 원 정도 합니다. 그러니까 괴물이 120개 숏에 나오면, 그걸 찍는 데 들어가는 비용만 150억 원이 넘게 되는 거예요. 〈괴물〉의 전체 제작비는 110억밖에 없었거든요. 괴물이 등장하는 장면 등 비주얼 이펙트 비용은 50억에서 55억으로 책정되어 있었는데, 그 예산에 맞추려다 보니까 감독이 프로듀서적인 마인드를 가질 수밖에 없었어요. 괴물이 한 번 보이고 안 보이는 것에 따라서 엄청난 돈이 왔다 갔다 하는 거죠. 그래서 내가 그린 콘티에서 괴물이 몇 번 나오느냐를 계속 계산하면서, 아예 매 시퀀스별로 배당을 했습니다. 이 시퀀스에서 내가 괴물을 보여줄 수 있는 기회는 7회, 변희봉 선생님이 죽는 장면에서는 12회 등, 이렇게 다 배분을 해서 그에 맞춰 콘티를 그렸습니다. 그러나 무작정 보여준다고 서스펜스가 있고 긴장감이 있는 것은 아니라고 생각해요. 어떻게 하면 괴물을 덜 보여주고도 긴장감을 지속시킬 것인가, 어떻게 하면 사운드나 그림자로도 효과적으로 처리할 수 있을까를 고민하면서 좀 더 창조적인 장면을 만드는 게 중요한 것이죠. 예를 들면, 현서가 괴물 꼬리에 낚여 채이는 장면, 즉 현서가 붕 뜨고 나서 아직 괴물 꼬리에 감겨 있는데 괴물은 보이지 않고, 그러다 현서 몸이 '휙' 하고 사라지는 장면이 있지요. 그리고 마지막 클라이맥스에서 송강호가 쇠꼬챙이로 푹 쑤셔서 괴물이 죽을 때 손가락을 하나씩 놓는 장면이 나옵니다. 그때 괴물은 화면에 안 나오고, 쇠꼬챙이만 부르르 떨고 있습니다. 그 장면은 연출부가 잡고 떤 거예요. 촬영 현장에서 보면, 정말 어처구니없고 창피해서 누가 안 봤으면 싶죠. 그런데 영화에서 편집된 걸 보면, 괴물이 화면에 안 보이지만 오히려 강하게 와 닿잖아요. 그래서, 저는 180개 숏에서 120개 숏으로 줄이는 과정이 물론 힘들고 고통스러웠지만, 그걸 즐기려고 했습니다. 할리우드 감독들도 마찬가지예요. 제가 그 현실을 알게 된 게 이안 감독이 찍은 〈헐크〉의 메이킹 필름을 보면서였는데, 이안 감독이 ILM 사와 테이블에 앉아서 회의하는 장면에서 나오더군요. 이안 감독이 이미 〈와호장룡〉을 대히트시킨 스타 감독임에도 불구하고, ILM 사의 비주얼 이펙트 슈퍼바이저가 다리를 딱 꼬고 앉아서, "이 장면에서 헐크가 이렇게 많이 나올 수 없다. 스토리보드에서 40개의 숏으로 줄여 달라"라고 냉정하게 말하는 장면이 나옵니다. 이안의 착잡한 얼굴이 보이고요. 그거 보면서 '아, 이안 감독도 저러는데, 하물며 나라고 안 그렇겠냐'라고 생각하게 되었죠.

〈괴물〉을 '너무 재미없다'고 말하는 사람이 많아서 충격을 받은 적이 있습니다. 〈괴물〉을 재미없게 본 사람들은 주로 감독님이 아까 그 한 장면 때문에 영화를 찍고 싶었다고 말씀하신 판타지적인 장면에 전혀 공감이 안 갔다는 말을 하였습니다. 그리고 한 가족이 홀로 국가적인 사건에 대항해서 사투를 벌이는 것도 이해되지 않는다고 하더군요.

재미없게 볼 수도 있다고 생각합니다. 가족들이 홀로 사투를 벌이는 것이 영화의 전제이며 스토리의 출발점인데, 그 전제에 공감이 안 되면 그 후에 벌어지는 모든 사태에 대해서 시큰둥하게 끌려가게 되니까 드라마에 몰입이 안 되겠지요. 저도 시나리오를 쓸 때 고민은 했습니다. 예를 들어, 공권력이 어느 정도로 괴물을 찾으러 다녀야 하는지에 대해서 조절해야 했습니다. 그 부분에 대해서 동의가 안 돼 재미가 없다고 하는 사람들의 입장도 이해가 갑니다. 시나리오를 모니터할 때, 이미 그런 얘기들이 나왔었습니다. "감독님, 공권력은 다 어디서 뭐해요"와 같은 아주 원초적인 질문 말이죠. 그때 제가 이런 식으로 말을 했던 기억이 납니다. "그들은 나름 열심히 찾아다니고 있단다. 하지만 우리의 카메라는 그쪽으로 가지 않지." 외계인의 침공을 다룬 〈싸인〉(나이트 샤말란, 2002)은 제가 〈괴물〉의 시나리오를 쓸 때 많은 영감을 준 작품인데, 이 작품은 멜 깁슨의 가족에 초점을 맞추고 있습니다. 그런데 〈싸인〉에서 외계인의 침공 부분은 시골집에 있는 마루의 조그만 텔레비전 화면으로 다 처리가 되고 있죠. 그리고 단 한 명의 외계인이 그 농가로 쳐들어가는데, 영화는 그 순간의 서스펜스와 공포를 클라이맥스까지 끌고 가고 있습니다. 저는 그 처리 방식이 인상적이었습니다. 〈괴물〉에서, 만일 가족이 현서를 찾아다닐 동안 거대한 어선이 나와 한강을 볼거리로 잡고 있는 가운데 공권력이 등장했다면, 아까 말씀하신 〈괴물〉을 재미없게 본 관객들을 좀 더 설득할 수 있었겠지만, 그분들을 설득하면 할수록 〈괴물〉이 다른 괴수 영화와 더 비슷해졌을 거라고 생각합니다.

여기에 계신 분들 중에는 시나리오를 쓰시는 분들도 많을 텐데, 그런 결정은 항상 실질적인 문제입니다. 즉, 시나리오를 쓸 때 부딪히는 실질적인 문제는 관객들을 어느 선까지 설득시킬 것인가, 어디까지 설명해 주어야 하는가, 이 부분을 중언부언 반복해서 설명하면 관객들이 싫어할까 아니면 설명이 부족할

까 등등을 결정하는 겁니다. 그 부분을 감 잡기란 참 힘든 일이
죠. 〈살인의 추억〉도 보면 그런 측면들이 많이 있습니다. 연쇄
살인 사건의 배경이나 피해자들의 사연과 같은 여러 측면에 대
해서 관객들에게 어디까지 정보를 줄 것인가 하는 부분을 많이
고민했습니다. 어차피 두 시간이라는 상영 시간 속에서 아주
제한된 정보의 양을 가지고 승부하는 게 영화니까요. 재료를
무한정 펼칠 수 있는 게 아니거든요. 결론적으로, 어떤 것을 선
택해서 어떻게 관객들에게 제시할 것인가는 참 어려운 문제입
니다.

언제나 새로운 영화를 찍고 싶다

> 마지막으로 봉준호 감독에게 영화는 무엇인지요. 어떤 관객이 봐줬으
> 면 하는 바람에서 영화를 만들며, 어떤 감독으로 기억되고 싶은지요.

좀 낯설고 생경하더라도 새로운 영화를 보고 싶어 하는 관객들
이 봐줬으면 좋겠고, 그만큼 늘 새로운 영화를 찍고 싶습니다.
그 다음에, 영화가 뭔지는 전혀 모르겠어요. 영화가 뭔지를 깨
닫는 순간 영화를 그만 찍게 되지 않을까요. 그리고 늘 새로운
영화를 찍었던 감독으로 남고 싶습니다. 여러분들은 히치콕의
초기 작품 세계를 아세요? 〈서편제〉는 알아도 임권택 감독의
처음이나 두 번째 영화는 기억하지 못하시죠. 저도 〈괴물〉이
지금은 이렇게 열띠게 토론하는 대상이지만 다 잊혀질 영화라

고 생각합니다. 그래서 저의 초기작들은 관객들에게 빨리 잊혀졌으면 좋겠습니다. 언젠가는 대표작을 찍고 싶고, 늘 새로운 영화를 찍었던 감독이었다고 먼 훗날에도 기억된다면 저는 무척 행복할 것 같습니다.

영화라는 것에 처음 매혹됐던 그런 기억들이 있을 것 같은데, 그때와 영화를 만들고 있는 지금 이 시점에서 영화가 주는 매혹이 근본적으로 동일한가요, 아니면 달라졌나요.

저는 동일한 것 같습니다. 이런 장면을 찍고 싶다는 그런 강한 충동, 그것은 굶주린 짐승이 먹이를 먹어야만 하는 그런 상태와 비슷한 건데, 이는 어렸을 때나 지금이나 똑같은 것 같습니다. 영화가 준 최초의 충격이나 느낌 같은 것은 어렸을 때 텔레비전에서 보았던 〈자전거 도둑〉(비토리오 데 시카, 1948)을 보면서 시작된 것 같아요. 그때는 그게 이탈리아 영화인지 네오리얼리즘 영화인지도 모르고 그 스토리만 봤는데, 너무 슬퍼서 집에 있는 자전거를 영화 속 아이에게 주고 싶었을 정도입니다. 나중에 아이의 아빠가 자전거 도둑으로 몰려서 폭행을 당할 때는 마음의 상처를 많이 입었었죠. 그때, 영화를 보고도 이렇게 슬플 수 있구나 하는 것을 처음 깨달았던 것 같습니다. 앙리-조르주 클루조 감독의 〈공포의 보수〉(1953)라는 영화가 있습니다. 이브 몽탕이 트럭에 니트로글로세린 폭발물을 싣고 산 정상에 있는 유정의 화재 장소까지 올라가는 이야기인데, 서스펜스가 상당히 강한 영화였습니다. 그래서 화면에서 눈을 떼지 못 한 채 화장실 가는 걸 참으면서 혼자 손에 땀을 쥐고 봤던 경험이 무척 강렬하게 남아 있습니다. 그리고 〈사운드 오브 뮤직〉은 영화에 대한 기억보다는 누나랑 같이 낮에 극장에 들어갔는데, 영화를 다 보고 나오니까 밤이더라고요. 그게 너무 신기한, 아주 원초적인 충격으로 남아 있습니다.

윤종찬

〈청연〉

윤종찬

1987년 한양대 연극영화과에서 영화를 전공. 졸업 후 하명중 영화사에서 일했으며, 이후 김영빈 감독의 〈비상구가 없다〉의 조감독을 거치며 연출 수업을 시작했다. 유학을 떠나기 며칠 전 일어난 삼풍백화점 붕괴 사고로 아내를 잃는 아픔을 겪었다. 미국 시라큐스 대학원에서 영화 연출을 전공하며 만든 〈플레이백〉, 〈메멘토〉, 〈풍경〉은 '기억과 운명에 관한 단편 삼부작'이라 불리며 주목을 받았다. 장편 데뷔작인 〈소름〉으로 백상예술대상 신인감독상과 판타스포르토영화제 감독상, 부산국제영화제 감독상 등을 수상하며 호평을 받았다. 그 후 만든 〈청연〉은 그 제작 의도와는 별개로 친일 논쟁의 중심에 서며 제대로 된 평가를 받지 못했다.

〈나는 행복합니다〉(2008)
〈청연〉(2005)
〈소름〉(2001)
〈Views〉(2000)
〈그녀의 아침〉(2000)
〈풍경〉(1998)
〈메멘토〉(1997)
〈플레이백〉(1996)

대담은 〈청연〉이 개봉하기도 전에 터진 예민한 문제들로 윤종찬 감독이 가장 신경이 날카로울 때 마련되었다. 〈소름〉으로 윤종찬 이라는 신인 감독의 출현을 경이로워 했던 우리들은 감독이 사회적 논쟁의 한복판에 자리하고 있다는 소식을 오히려 좋게 받아들였던 것 같다. 화제가 되는 감독의 말을 직접 확인해 가면서 깊이 있게 들을 수 있으니까 말이다. 당시 감독의 이성적 분노와 열정적 감정은 대담 뒷부분에 있는 박경원에 대한 감독의 긴 논평에 진하게 묻어나고 있다. 대담 중 가장 진지했고, 가장 무거웠으며, 그 만큼 가장 많이 집중했고, 가장 진지한 말들이 오갔다. 윤종찬 감독은 당시 〈청연〉에서 함께 작업했던 스태프들을 강의실에 데려왔다. 스태프들은 자신들과 함께 작업했던 감독의 말을 진지하게 경청했다. 그는 함께 일하면 많이 배울 수 있는 카리스마 있는 감독이었을 것 같다. 〈청연〉 이후, 윤종찬 감독은 〈나는 행복합니다〉(2008)를 만들었다. 그리고 2009년에는 그 말 많고 탈 많던 〈청연〉의 주인공인 배우 장진영이 위암으로 세상을 떠났다. 장진영의 첫 주연작을 연출했고 그녀의 대표작을 함께 했던 윤종찬 감독의 말들에서 장진영은 때로는 선영이로, 때로는 박경원으로 살아 돌아왔다.

슬픈 멜로 영화, 〈소름〉

　〈청연〉이라는 영화는 굉장히 오랫동안 공을 들이고 많은 에너지를 쏟아 부었는데, 개봉 결과가 너무 빨리 허무하게 끝났습니다.

감독인 저는 괜찮아요. 큰 영화도 해보고, 여러 가지 경험도 의미 있고, 또 다변화된 사회에서 일어나는 논쟁 같은 것도 재미있고요. 그러나 경제적인 면에서 보면, 투자자나 제작자 쪽에는 죄송하다는 생각을 하게 됩니다.

　굉장히 의연하게 말씀하시네요(웃음). 〈청연〉이라는 영화가 그렇게까지 많은 논란에 휘말릴 줄은 모르셨을 거예요. 그런데 불운하게도 영화 외적인 문제가 터지면서 영화 내적인 문제에 관한 얘기들은 본격적으로 시작할 겨를도 없지 않았나 싶습니다.

다행히 또 다음 작품을 할 만한 환경들이 많이 조성됐고, 그래서 그런 측면에서 비교적 의연할 수 있다는 거겠죠. 자기가 찍은 작품에 대해서 논란이 일어나고 어떤 부정적인 배경들이 제기되는 데 대한 후유증은 있겠지만, 궁극적으로 계속 연출을 할 수 있는 토양이 조성된다는 것은 감독한테는 그렇게 나쁜 상황이 아니기 때문이죠.

　〈소름〉부터 먼저 이야기를 시작해 볼까요. 근래에 미술 분야에서는 우리 사회의 근대화 과정에 대한 이미지나 흔적들을 다양하게 재현하는 경우가 빈번한 것 같습니다. 한국 사회의 근대화 과정에서의 흔적들이 감독님의 영화에서는 주로 비극적으로 표현되고 있는데, 이에 대해서 이야기를 듣고 싶습니다.

저는 딱히 비극적이라고 생각하지 않는데, 사람들은 굉장히 비극적으로 보는 것 같습니다. 〈소름〉도 처음부터 영화사에 이게 공포 영화라고 말한 적이 없는데, 마케팅을 하고 개봉을 한 후에 보니까 다 '공포'를 붙여 놨더라고요. 저는 그냥 멜로 이야기라고 찍은 겁니다. 영화를 본 관객들이 분노하는 심정을 이해하겠더군요. '영화에 왜 귀신이 안 나오냐?' '이게 무슨 공포냐? 무섭지도 않은데.' 나는 그 사람들한테 얘기해 주고 싶어요. 나는 〈소름〉을 공포 영화라고 얘기한 적이 없다고요. 물론 〈소름〉에도 공포가 있습니다. 하지만 내가 말하고 싶었던 공포는 귀신을 봤을 때의 공포가 아니라, 가장 사랑하는 사람이 자기를 배신했다든가, 친한 친구와 갈라지거나 애인하고 헤어지거나 했을 때의 그런 공포입니다. 나를 외롭게 만들기도 하고, 내 삶 전체를 흔들기도 하는 그런 공포 말입니다. 그런데 저는 화장실에 갔다가 귀신을 봤는데 그 사람의 삶이 흔들렸다는 그런 얘기는 들어보지 못한 것 같습니다. 그러니까 그런 공포는 그렇게 무섭다거나 중요하다고 생각하지 않았습니다.

〈소름〉을 공포 영화로 생각하고 봤는데 슬픈 멜로 영화라고 말씀하시니까 몸 둘 바를 모르겠습니다(웃음).

〈소름〉에서 용현(김명민)이 선영(장진영)을 죽이는 장면이 있습니다. 끔직한 장면이지만, 현장에서 모니터를 보면서 유일하게 나도 모르게 눈물이 나왔던 장면입니다. 남자는 여자를 사랑하지만, 여자가 자기를 욕하면서 냉장고에서 반지를 빼갔다고 여자를 죽이는데, 그런 경미한 오해가 사랑하는 사람을 죽일 수 있을까? 개인적으로는 누군가를 죽이고 싶은 살의를 가진 적도 있을 것이고, 마음속으로 간음을 했던 그런 기억들도 다 있을 겁니다. 사람은 그만큼 불안정하잖아요. 하지만 그렇다고 어떻게 부모를 죽이고, 사랑해서 결혼했을 텐데 남편을 죽이고, 애들을 또 같이 죽이고, 그렇게까지 되었을까. 이런 걸 보면, 저는 사람이 나약하다는 게 굉장히 무섭습니다. 그래서 〈소름〉에서 그런 장면들은 개인적으로 무섭다고 생각했고, 다른 한편으로는 무척 슬프다고 생각했던 거죠. 그런 연유에서 〈소름〉을 슬픈 멜로라고 이야기한 겁니다.

〈소름〉에 나오는 아파트에 대해서도 말씀해 주시죠. 관객인 우리가 보기에 그 아파트는 등장인물들의 불안과 결핍 등을 다 빨아들이는 블랙홀 같은 장소입니다. 영화의 마지막 부분에서도 그 아파트는 저주의 말과 함께 끈적끈적한 거머리처럼 달라붙어 있는 그런 이미지로 끝이 납니다.

〈소름〉에서 아파트는 일종의 상징입니다. 1994년에 성수대교가 붕괴되었습니다. 그 당시에 제가 동호대교와 성수대교가 보이는 아파트에서 살고 있었습니다. 결혼을 하고 아이의 백일이 막 지났을 때였는데, 아침에 일어나서 담배를 피우려고 베란다에 나갔죠. 그런데 성수대교가 끊어진 것 같은 거예요. 그래서 아내에게 "저 다리가 끊어진 게 아닌가? 내가 잘못 본 건가? 안개가 껴서 그런가?" 등의 말을 했습니다. 그런데 거실에 들어가 TV를 틀어보니 등굣길 여고생들이 다리가 끊어져서 죽었다는 거예요. 그래서 저는 하필 그 시간에 그 다리를, 그것도 한가운데를 지나가다 떨어져서 죽은 사람들이야말로 도대체 무슨 저주 받은 운명일까 하고 생각을 했습니다. 그 다음에 드는 생각은 그 많은 사람들이 이용하는 다리를 어떻게 저렇게 만들어 놓았을까 하는 것이었습니다. 그리고 나서 제가 8월인가 9월에 미국으로 출국하려고 살던 아파트를 처분하고 서초동에 있는 처갓집에서 잠깐 살았습니다. 연출부와 저녁 약속이 있던 날, 강남역에서 그 친구들과 만나 식사를 하는데, 식당 TV에서 무슨 백화점이 무너졌다고 해요. 보니까 삼풍백화점이더군요. 그날 처갓집을 나올 때 아내가 삼풍백화점으로 간다는 얘기를 했던 게 기억나더군요. 설마 하면서 처갓집에 전화를 걸어, 아내가 혹시 백화점에 가지 않았느냐고 물었더니, 갔다고 그러더군요. 아이를 처갓집에 두고 언니와 여동생, 그러니까 세 자매가 같이 백화점을 갔던 건데, 그날 그렇게 세 자매가 다 죽은 겁니다.

성수대교가 붕괴됐을 때, 저는 개인적으로 거기 있던 사람들이 얼마나 운이 없는 사람이고, 무슨 저런 운명이 있을까 했는데, 얼마 후에 그런 일이 저한테도 일어났던 거죠. 운명의 개연성이랄까, 그런 걸 느꼈습니다. 정말, 63빌딩도 〈소름〉에 나오는 재개발 아파트와 하등 다를 바 없는 공간이라는 생각이 들었고, 사회에 뿌리 깊게 자리 잡은 천민자본주의가 얼마나 무서운 것인가라는 생각을 했습니다. 그래서 아파트를 볼 때마다, 여의도나 종로나 청계천 같은 곳의 빌딩 숲을 걷다가도 불현듯, 어쩌면 이렇게 정신적으로 피폐하고 도덕적으로 해이한 이런 공간에 내가 살고 있는 것인가 하는 생각을 하게 됩니다. 〈소름〉에서 아파트는 그런 의미로 썼습니다.

장진영과 김명민 그리고 윤종찬

〈소름〉에서 김명민 씨의 연기는 굉장히 놀라웠습니다. 불안정한 인물이 갖고 있는 특징, 예를 들어 운동화 끈을 매주는 장진영 씨를 보면서, 굉장히 짧은 순간이지만, 그가 보인 표정이나 같이 운전하는 동료와 역겨운 것에 대해서 대화할 때 그 동료가 충격을 받은 표정으로 김명민 씨를 쳐다보는 장면이 등장합니다. 그런 것을 연출할 때, 김명민 씨한테 이 인물과 연기에 대해 어떤 지시를 내리셨는지요.

저도 김명민이라는 배우가 참 인상적이었습니다. 그는 시나리오에다 일일이 밑줄을 그어가면서 궁금한 걸 저에게 묻곤 했습니다. 시나리오를 정확하게 간파하고 질문을 하기 때문에, 저도 미처 생각하지 못 했던 질문들이 대부분이었습니다. 택시를 교대하러 와서 동료와 이야기를 나누다가 용현이 갑자기 반말을 하는 장면이 나옵니다. 김명민 씨가 저에게 "갑자기 이렇게 반말을 하는 이유가 뭔가요"라고 묻더군요. 그때 저는 "거기에 어떤 이상한 공격성 같은 아우라가 느껴지고, 무의식 속에 내재해 있던 어떤 걸 건드리는 그런 걸 표현하고 싶어서 그렇게 썼다"라고 했어요. "그러면 제가 그 장면을 연기할 때는 어떻게 하면 좋겠습니까"라고 묻더군요. 그런데 제가 해줄 수 있는 것이 "현장에서 찍으면서 (연기를) 끌어낼 수밖에 없다"라는 말뿐이었지요. 또 영화에서 용현이 이소룡을 흉내 내는 장면이 나옵니다. "왜 이소룡 흉내를 냅니까? 재미있는 걸 보여준다고 하는데, 저는 개인적으로 재미가 없습니다"라고 김명민 씨가 그러는 거예요. 용현이 여자에게 빨랫줄을 잡고 있으라고 한 뒤, "내가 재미있는 걸 보여줄까요?" 하면서 발차기를 하다가 넘어지는 장면이 있는데, 그게 재미가 없다는 거죠. 그때 저는 "그게 내가 원하는 거다. 그건 재미가 없어야 한다"라고 말하면, 그는 "그게 무슨 이야기인지 이해가 잘 안 된다"는 식의 논의가 있었죠. 나는 "극중의 용현을 72년생으로 설정해 놓았는데, 이소룡이 죽은 게 73년 정도다. 그러니까 이소룡은 386세대의 우상이지, 70년대 생하고는 관계가 없는 인물이다. 〈소름〉에서 용현이라는 인물은 자기가 매일 흉내 내는 사람마저도 자기 아이콘이 아닌 사람을 흉내 내고 있는 사람인 거다"라고 대답해 줍니다. 여자 부분도 그렇고 남자 부분도 그렇지만, 실제로 시나리오대로 완성된 것은 한 40% 정도밖에 안 됐던 것 같습니다. 현장에서 배우들의 감정이나 생각 등을 물어본 다음, 배우들이 자기 테이크의 대사를 완성하게 했죠. 그래서 〈소름〉의 러시필름을 보면, 테이크마다 대사가 달라요. 시도해 봐서 본인도 좋고 나도 좋은 걸 썼으니까요. 그걸 찍을 때, 저는 감독의 의도 같은 큰 틀 안에서 이야기만 정확하게 파악되면 무슨 대사를 하든지 상관없다고 생각했고, 그런 식으로 작업을 해왔습니다.

장진영 씨는 〈소름〉이 첫 주연작이었습니다. 처음 촬영 들어가서 장진영 씨에게 콘티를 보여줄 때, 한 페이지 정도 되는 대사가 한 컷이라고 그랬더니, 장진영씨가 깜짝 놀라더군요. 자기가 조연으로 출연했던 영화들은 다 한마디 하면 컷 하는데, 콘티가 한 컷이니까 놀란 거죠. 촬영에 들어갔는데, 이 배우가 연기를 잘 하질 못해요. 두세 줄 나가면 대사를 잊고, 처음 주연을 하다 보니 긴장이 돼서 전라도 고향 사투리가 막 나오는 거예요. 그래서 내가 장진영 씨한테 "이 시나리오에서 이 여자가 서울 여자라는 정황이 어디 있으며, 그것은 중요한 것이 아니다. 사투리가 나와도 괜찮다. 주인공이 서울 사람이라는 고정관념도 필요 없다. 그리고 대사를 왜 토씨까지 외우려고 하느냐"라고 말했죠. 역으로 이야기해서, 결국 배우들이 자신들이 맡은 배역을 고민하지 않으면 오케이가 떨어지지 않는 거죠. 그 장면에 대해서 심리적인 상태라든가 그에 대한 고민을 해야만 테이크마다 다르게 시도해 볼 수 있으니까요.

감독과 배우를 의사와 환자의 관계라는 측면에서 보면, 연출자인 저는 처방을 하는 의사입니다. 제가 디렉션을 하고 방향을 제시하면, 배우는 믿고 따라와 주어야겠죠. 혹은 자기 의견이나 자신의 증상을 이야기해 주고, 또 나는 환자(배우)의 어디가 아픈지를 이야기해 주고 하는 거지요. 〈소름〉은 그런 과정이 무척 많았던 것 같습니다. 배우들이 처방약을 안 먹거나, 버리거나, 의사를 믿지 않는 경우가 있습니다. 김명민 씨와 장진영 씨는 그런 경우가 없었기 때문에 굉장히 크게 된 것 같습니다.

〈소름〉은 문학이나 다른 예술 장르에서는 표현할 수 없는 영화적인 방식, 즉 소리와 이미지로 유추하게 만든다는 점에서 영화적인 영화라고 할 수 있습니다. 한편 〈청연〉은 이미지와 대사와 이야기가 굉장히 분명합니다. 그러니까 〈소름〉에 비해서는 너무나 명백하게 이야기를 전달하기 때문에 스타일이 아주 다르다는 느낌을 강하게 줍니다. 영화라는 매체가 갖고 있는 특성이라든가 이런 것에 대해서 어떤 고민을 하셨는지요. 〈청연〉이 이야기에 매력이 있었다면, 〈소름〉은 영화적 장치들이 매력적이었거든요.

예산으로 봤을 때, 〈청연〉은 〈소름〉의 한 10배 가까이 되는 영화였습니다. 최종 순제작비가 97억 가까이 나왔고, 마케팅비까지 해서 약 130억가량 됐으니, 두 편은 규모도 다르고 스타일도 많이 다릅니다. 〈청연〉이라는 영화를 찍을 때에는 자본의 중압감이 굉장히 컸습니다. 100억의 제작비를 받아 〈소름〉처럼 찍을 수 없는 게 현 충무로의 상황입니다. 두 영화에서 다른 점을 느끼셨다면, 첫째는 다분히 시스템이 다르고 또 그 두 편이 각기 주는 중압감이 다르기 때문이었을 겁니다. 둘째는 고민을 많이 했기 때문입니다. 〈소름〉을 끝내고 나서 〈청연〉을 선택하게 됐을 때, 저는 100억이라는 돈을 가지고 실험 영화 같은 것은 찍지 않겠다, 혹은 불투명한 이야기는 찍지 않겠다는 생각을 했습니다. 제가 많이 했던 답변 중의 하나인데, 감독은 여러 가지 꿈이 있는 것 같습니다. 제 자신을 생각해 볼 때, 감독이 되고 보니 〈소름〉같이 차돌처럼, 그러니까 값어치는 별로 안 나가지만 좀 똘똘한 영화도 찍어 보고 싶고, 매뉴얼적이고 아날로그적이며 투박하지만 힘이 있는 영화도 찍어 보고 싶더군요. 사실, 감독으로서 100~200억짜리 영화를 찍어 보는 게 그렇게 나쁜 경험은 아니거든요. 〈청연〉 같은 영화는 블록버스터에 가까운 것입니다. 그런데 한국에서 만든 영화들 중에는 제작비는 많이 쏟아 부었는데, 지나치게 난해한 영화들이 있습니다. 이것은 감독이 잘못 찍어서 그런 건지, 아니면 감독이 의도해서 난해한 것인지, 그 원인을 모를 영화도 있습니다. 보고 난 뒤에 도대체 이 영화 어디에 100억이 들어갔는지 반문하는 사람도 있습니다. 저는 그런 난해한 영화를 찍고 싶지는 않았습니다.

〈청연〉은 〈소름〉에 비해 태생적으로 쉬운 영화라고 생각했습니다. 그런데 개인적으로 제일 경계했던 것은 쉬운 이야기를 자꾸 뒤틀어서 부작용을 더 키우는 것이었습니다. 〈소름〉은 여백이 많아서 한 장면을 보더라도 사람들이 유추할 수 있는 게 굉장히 많이 있습니다. 〈소름〉에서 시체 묻는 장면을 보면, '시체를 무엇으로 옮겼을까.' 혹은 '어디로 옮겼을까'에서 '그때 왜 비가 내리지.' 혹은 '왜 경찰에 신고하지 않지'까지 여러 가지를 물을 수 있습니다. 그런 영화는 이런 생각의 여지를 많이 살려주기 때문에, 보는 사람들도, 감독도 명백하게 규정할 수 없는 부분들이 많습니다. 마지막에 주인공인 용현이 예전에 자기가 태어났던 아파트에 다시 왔는데, 그를 불러들인 힘이 뭔지 모호합니다. 그것을 장르적으로 규정하면서 답을 주면 좋은데, 극단까지 가다보면 저도 거기에 답을 할 수 없습니다. 어떤 사람이 나한테 "운명이라는 것이 사람마다 정해져 있다고 생각하는가"라고 물어보면, 저는 어떤 때 보면 운명이나 신이 있는 것 같기도 하고, 다른 때 보면 그냥 실존주의에서 이야기하는 것처럼 어느 날 갑자기 이 세상에 뚝 떨어진 존재처럼 사는 것 같다고 말할 수밖에 없습니다. 〈소름〉은 그렇게 혼란스럽게 느끼는 삶처럼 찍었죠. 그런데 〈청연〉은 삶에 대한 답을 명확히 제시하는 영화입니다. 100억짜리 영화를 해보니까, 그런 한계가 좀 있는 것 같아요. 흥행에 크게 성공하거나 영화제에서 큰 상을 탄 영화를 만들어 본 적이 없는 감독이 100억짜리 영화를 찍을 때 인간적으로 중압감을 느끼겠죠. 한마디로, 〈청연〉은 사람 이야기에 초점을 맞춰서 쉽게 갔던 영화로 보시면 될 것 같습니다.

역사와 공간의 충실한 재현을 위하여

> 〈청연〉의 디지털 작업에 대해 묻고 싶습니다.

〈청연〉은 2005년 3~4월에 촬영을 끝냈습니다. CG 작업을 12월까지 했고, 6개월의 믹싱 작업 끝에 작년(2005)에 개봉했으니까, 작년 초부터 연말까지는 모두 후반 작업에 집중했습니다. CG만 1,000컷이 들어갔습니다. 이해하기 쉽게 비교해서 말씀드리면, 〈태극기 휘날리며〉의 CG는 480컷 정도로 알고 있습니다. 〈태풍〉이 200컷입니다. 이렇게 비교해 보면, 〈청연〉에서의 컴퓨터 작업은 엄청난 양이었죠. CG 컷 하는 데만 그렇게 몇 개월이 걸렸고, 그걸 또 기다려서 디지털 작업을 해야 했습니다. CG가 들어가지 않은 부분을 하다가 CG가 완성되어 들어오면 다시 CG 작업을 하고, 사운드는 원체 비행기가 많아서 전부 해서 8개월 이상 걸렸던 것 같습니다. 개봉 전날까지 그 작업만 했던 것 같습니다.

> 비행 장면 촬영에서 굉장히 뛰어난 완성도를 보여줬다고 생각하는데, 혹시 다시 촬영한다면 보강하고 싶은 부분이 있습니까.

보강하고 싶은 부분은 초반에 나오는 박경원의 연기 부분과 비행 대회 장면입니다. 비행 대회 장면의 경우, 몇 개 장면이 더 있어야 했고, 더 스펙터클하게 갔어야 했는데, 기술적인 한계나 자본적인 한계가 컸습니다. 실제 복엽기를 중국에 가져가서 찍었는데, 계약 관계에 문제가 있었습니다. 그러다 보니 비행기가 중간에 미국으로 돌아가 버렸고, 비행기가 없는 상태에서 찍다 보니까 CG 분량도 많아졌고, 촬영할 수 있는 컷들을 뺄 수밖에 없는 상황이 많았습니다. 마지막 비행 장면도 마찬가지였고요. 비행기가 없어 빠진 컷들이 있는데, 이를 다시 촬영할 수 있다면, 시행착오 없이 정말 좋은 퀄리티를 낼 수 있을 거라고 생각합니다. 그런 장면들이 제일 아깝습니다.

〈청연〉의 중반과 마지막 장면을 보면, 관객의 감정과 조금 더 겨뤄야 하는 순간에 좀 짧게 끝난 것 같은 아쉬움이 있습니다. 이는 순전히 기술과 자본의 문제 때문인지요.

그런 것도 있죠. 없는 가운데서 찍어 놓은 것으로 120%를 가져다 썼기 때문에 보여줄 게 없는 거죠. 그런 요인이 제일 컸어요. 왜냐하면 드라마도 중요하지만, 비행기가 나오는 영화니까 좀 더 믿을 수 있는 컷과 장면들을 넣고 싶은 욕심이 있었는데, 현실적으로 그렇게 안 됐죠. 현실적으로 안 되니까 포기할 수밖에 없었습니다.

애초에 구상했던 것과 완성된 결과물이 어느 정도 차이가 난다고 스스로 평가하시나요.

초반에 경원(장진영)이 기베(유민)와 비행기 경기를 하는 장면이 있습니다. 기베의 비행기와 경원의 비행기가 계곡 사이를 날아가는 장면인데, 애초에 생각했던 것보다 50% 미만의 컷들이 나왔고, 비행 대회는 60% 정도, 마지막 비행 장면은 30~40% 정도밖에 못 찍은 것 같아요.

> 시대 재현에 대한 질문을 하나 할까 합니다. 〈청연〉에서 보여준 1930년대 일본의 모습이 조선과 비교해서 너무 현대화된 모습으로 등장해 약간 의아심이 들 수도 있는데, 당시의 사진들과 비교해 보면 실제 모습에 대단히 가깝게 재현되었다고 봅니다. 어떤 자료를 바탕으로 시대 재현을 하셨고, 또 어떤 부분에 중점을 두셨는지요.

잘 모르시는 분들은 너무 현대적이지 않냐고 하시는데, 실제로 저도 당시 일본 사회에 대해서 관심이 없던 상태에서 자료 조사를 시작했습니다. 1930년대 초반에 일본은 만주사변을 일으켰고, 곧 세계대전까지 일으키게 되죠. 영화를 만들기 위해 일본에서 쇼와시대의 백화점, 긴자 거리 등의 자료들을 수집했고, 또 제가 직접 일본에 가서 봤는데, 소름이 돋을 정도로 굉장히 근대화되어 있었습니다. 미쯔비시 백화점 같은 경우는 현대나 롯데 백화점보다 훨씬 더 큰 백화점이었고, 긴자 거리는 고딕이나 이태리 양식의 건물로 가득 차 있었다고 보시면 됩니다. 쓸쓸하지요. 이런 시대, 이런 나라, 이런 강국이었기 때문에 조선을 그렇게 쉽게 식민화하고 세계대전까지 일으켰나 하는 생각까지 들 정도로 당시 일본은 압도적이었습니다. 특히 〈청연〉에서 재현한 길거리나 호텔에서의 파티 장면 등은 제작비 관계로 20~30%밖에 재현하지 못 했어요. 비행학교의 경우에도, 당시 조선에는 비행기가 한 대도 없었는데, 일본에는 다츠가와에 비행학교도 있었고, 영화 속의 비행장도 30년대의 실제 비행장에 비하면 거의 100분의 1 수준에 지나지 않습니다. 한국에는 동시에 200~300대가 뜰 수 있는 비행장을 지금도 갖고 있지 못합니다. 미국 네바다 사막 같은 곳에나 가능한 거죠. 그런 면에서 일제의 군국주의는 굉장한 군사력을 가지고 있었다는 걸 느낄 수 있었습니다. 인터넷 같은 데서 찾아봐도 많이 보실 수 있을 겁니다. 요즘 그런 자료들 보면 굉장히 우울하죠. 시대를 추구해 나가야 하는 감독으로서 우울한 게 뭐냐면, 리얼리티를 무시하고 우리 문법으로만 찍을 수는 없다는 거죠. 100년 전 한국에도 이런 것이 있었다면, 저도 신이 나서 했겠죠. 그런데 일본을 재현하는 데 돈도 많이 들어가고, 그러다 보니 굳이 이렇게까지 해야 되는가 하는 회의가 들 때도 있었고, 경원은 왜 하필 일본에서 살았을까 하는 생각도 했었습니다.

부산국제영화제 때 〈청연〉 파티에서 등장인물들이 입은 의상으로 패션쇼를 한 적이 있습니다. 영화 의상에 굉장히 공을 들이셨다는 생각을 했습니다. 의상이나 소품 등에도 감독님이 많이 관여를 하셨는지, 아니면 의상을 맡으신 분한테 맡기셨는지요.

〈청연〉에 나온 의상의 90퍼센트는 일본에서 제일 큰 도호영화사에서 임대를 했습니다. 엑스트라의 의상까지 다 도호영화사에서 빌렸습니다. 비행 대회 장면에는 약 600벌 정도를 빌렸고, 그 외의 장면에는 약 200~300벌 정도 빌렸습니다. 기모노는 하루 빌리는 데 10만 원이었는데, 그걸 전부 빌려 썼습니다. 당시 여자 파일럿들은 영화에서 보신 대로 다 그렇게 입었습니다. 짧은 머리에 전부 남자처럼요. 남자가 할 수 있는 건 우리도 다할 수 있다는 심리가 강했던 거죠. 머리를 기르고 여성스럽게 해서는 남자들에게 얕보이니까, 짧은 머리에 굉장히 터프하게 생활했던 걸로 알려져 있습니다. 당시의 그런 의상들은 일일이 다 만들 수가 없었고, 그래서 일본에서 주문을 해서 빌렸습니다. 도호영화사 창고에 있는 의상 리스트를 다 뽑아서 여러 날에 걸쳐 선택한 의상입니다. 시대 고증과 상관없는 의상들은 한국의 의상팀이 만들기도 했어요. 그래서 의상 대여료만 3~5억 원 정도 들어갔다는 말을 들었습니다.

친일과 민족주의 사이에서의 여성 개인, 박경원

여주인공의 캐릭터와 관련된 질문을 하겠습니다. 주인공을 바라보는 시선에 낭만성이 상당히 많이 들어가 있는 것 같습니다. 꿈을 꾸는 소녀의 모습, 열정적인 인생과 사랑, 여성이자 식민지인으로서 제국에서 꿈을 펼치려는 노력, 쉽지 않은 사랑 등 여러 가지 면에서 박경원이라는 인물의 비극성을 묘사하면서 그녀를 낭만적 영웅으로 그리려고 한 것인지요.

박경원이라는 인물에 대한 자료라고는 기껏해야 두세 권의 책에 언급되어 있는 것뿐이었고, 그것도 거의 불분명한 이야기들로 가득 차 있었습니다. 그중에서 그나마 공통적으로 언급되어 있는 부분은 박경원이 일본 비행학교를 다니면서 공부하던 시기와, 그와 관련된 자료입니다. 그 자료를 보면, 박경원이 처음에는 돈이 없어서 방직공장을 다니면서 학교를 다니는데, 여자에다가 조선인이라서 일본 학생들의 놀림감이 됩니다. 박경원이 이러한 차별을 견디다 못해 머리를 밀고 남자 옷을 입고 다녔다고 해요. 비행학교에 여자가 한 명뿐이니까, 머리를 기르고 여자 옷을 입으면 멀리서도 사람들이 보고 놀리기 때문이죠. 그러니까 차라리 멀리서나마 남자로 보이기 위해서 머리를 자른 것이지요. 조선인에다 여자이기 때문에 겪는 차별로 인해 박경원은 결국 정신분열 일보 직전까지 가게 됩니다. 그래서 일단 조선으로 돌아와서 준비를 하고, 3년 후에 다시 일본에 가서 결국 비행사가 되지요.

　꼭 쓰고 싶었던 이야기였지만 시나리오 작업에서 그것을 뺀 이유는, 초반에 박경원이 차별을 당하는 과정을 많이 보여줬을 경우 역효과가 날 수 있는 시대적 상황에 처한 여자였기 때문입니다. 무슨 말이냐 하면, 나중에 일장기를 들고 마지막 비행을 떠나는데, 그때 고생했다는 걸 강조하는 게 아무런 의미가 없을 것 같더란 말이지요. 그런 게 들어갔으면 박경원의 삶 자체가 덜 낭만적이었겠죠. 우리가 일제 강점기를 다루면 나옴직한 에피소드는 굉장히 많았어요. 당시에 비행기라는 건 지식인들도 보지 못한 사람들이 많아서 의견이 분분했죠. 날아갈 때 새처럼 날개가 움직이는 게 비행기라고 하던 그런 시절이었으니까요. 요즘으로 말하면 우주 왕복선 정도 되겠죠. 남자들만 그걸 조종한다고 믿었는데, 여자가 학교에 들어왔고, 게다가 조선인이었기 때문에 차별 당할 이유들이 굉장히 많았을 겁니다. 그걸 쓸 수는 있었지만, 많이 다뤄졌던 조선인 차별 문제는 부각시키고 싶지 않았습니다. 더구나 박경원이라는 인물을 다루는 데 있어서 그것이 나중에 독으로 작용할 수도 있을 것 같았습니다. 그래서 그 부분을 빼니까, 박경원이 학교에서도 잘 적응해 나가던 그 시절부터 영화가 시작되는 느낌이 나게 되었습니다.

> 조선 최초의 여류 비행사가 권기옥이냐 박경원이냐 하는 물음은 사학계에서는 케케묵은, 그러나 여전한 논쟁거리입니다. 분명 감독님은 그런 논쟁을 알면서도 박경원이라는 인물을 선택하셨습니다. 그리고 그 논쟁을 우회하거나 또는 예측 가능한 공격으로부터 영화를 보호하려고 노력했지요.

〈청연〉은 처음부터 제 아이템은 아니었습니다. 영화사에서 보자고 해서 갔는데, 어느 작가가 써놓은 시나리오가 있었습니다. 그 시나리오에는 박경원이 고이즈미 앞에서 할복을 시도하다 고이즈미의 총애를 받는 장면도 있었고, 고이즈미 앞에서 옷을 벗는 장면도 있었습니다. 그리고 결말에서 일장기는 없애

버렸고, 태풍이 몰아치기 전날 일본 사람들이 "너 같은 것은 없어져야 한다"고 하면서 어디서 비행기를 구해와 박경원에게 사선을 넘어가게 하는 식으로 되어 있었어요.

실제 인물을 다룬 시나리오인데, 문제가 많은 거죠. 그래서 제가 영화사에다 다음과 같은 취지로 말을 했죠. 이게 정면으로 부딪쳐야 되는 이야기 아닌가, 일장기도 들고 가는데 그걸 빼면 이 영화를 왜 만들어야 되는 것이며, 그럴 거라면 차라리 실존 인물을 빼고 픽션으로 가는 게 낫지 않냐고 말이죠. 그런데 영화사에서는 — 저는 아직까지도 모르겠는데 — '우리나라 최초'와 같은 관용구가 관객한테 잘 먹힐 것 같다고 판단한 거죠. 실존 인물이니까 그런 식으로 써야만 나중에 사람들도 쉽게 이 영화를 접할 수 있는 메리트가 있다고 하더군요. 그래서 저는 그러면 일장기도 집어넣어야 된다고 했죠. 그걸로 꽤 오랫동안 제작사와 서로 옥신각신했던 기억이 납니다. 하여튼 저는 박경원이 독립군도 아닌데 죽으라는 듯이 일본에서 폭풍 치는 날에 비행기를 줘서 가게 한다는 설정은 말도 안 된다고 했지요. 박경원이라는 인물을 공부하는 데만 1년 이상의 시간이 걸렸습니다. 사실, 조센징과 쪽발이로 나눠서 이 시대를 다뤘던 영화들이 너무나 많이 있습니다. 두 번째 영화를 찍는 신인 감독이라면 패기도 있고 시각도 있어야 하는데, 나는 굳이 그런 비슷한 영화를 할 수는 없다고 제작사에 이야기를 했죠. 결국 제작사에서 우여곡절 끝에 제 시나리오를 채택해서 그렇게 가게 되었던 것입니다.

한지혁(김주혁)이라는 인물에 대한 겁니다. 한지혁이 극의 중심에 등장하면서 〈청연〉은 사선을 넘나들기 시작한 듯합니다. 박경원이 조선과 일본에 절망하고, 땅도 하늘도 아닌 허공을 선택하는 과정, 그리고 어느 곳으로도 돌아갈 수 없었던 그녀는 결국 조선에 가기 전에 추락할 수밖에 없었다는 비극적인 필연성을 강조하기 위해 등장한 게 한지혁과의 사랑이었던 것 같습니다. 하지만 그래서 박경원의 삶을 단순화하거나 심지어 미화하고, 그녀의 진짜 모습을 제대로 보여주지 못했다는 비판을 받았는데요.

오해하시는 분들이 많은데, 한지혁은 서웅성이라는 실존 인물입니다. 그리고 이정희(한지민)의 실제 의붓오빠이기도 하고요. 극중에서 보면, 이정희가 한지혁을 오빠라고 불렀는데, 한지혁의 집에서 식모살이를 하던 이정희를 유학 보내준 거죠. 실존 인물이기 때문에 본인의 동의 없이 쓸 수 없어 한지혁이라는 인물로 바꿨는데, 당시 굉장한 조선 갑붓집 아들로 서웅성이라는 인물이 있었고, 실제로 이정희가 그 집에서 식모살이를 했고, 또 그 집안의 도움을 받아서 유학을 온 거죠. 한지혁의 모델인 서웅성도 비행학교에 들어갔습니다. 그런데 극중에서는 비행학교가 아니라 기상 정보대 쪽으로 바꾸었습니다. 처음에는 한지혁이 비행학교에 와 있는 걸로 설정해서 이야기를 썼는데, 그러다 보니까 이야기 자체가 비행 이야기 아니면 할 게 없었습니다. 너무 지루해져서 각색 차원에서 기상 정보대라는 곳으로 뺐어요. 잘은 모르겠지만, 당시는 일본에 협조한 사람들이 굉장한 부를 누리던 그런 시절이었기 때문에 친일파의 아들로 설정을 한 거죠.

〈청연〉은 최근에 나온 한국 영화들 가운데에서 보기 드물게 민족 문제와 젠더 문제가 경합을 이루고 있습니다. "조선인과 일본인의 구분도 없는, 여성과 남성의 구분도 없는 하늘"이라는 박경원의 바람과 달리, 개봉 당시 영화는 민족주의 담론의 광풍에 희생된 듯 보입니다. 여성 관객의 입장에서 박경원의 꿈과 판타지를 긍정적으로 전유할 수는 없는지요.

어려운 질문이네요. 개인적으로, 〈소름〉을 끝내고 〈청연〉의 시나리오만 제 기억으로는 2년 정도 썼었고, 자료 조사도 한 1년 반 이상 했던 것 같습니다. 감독도 정신 나간 사람이 아닌 한 알겠죠. 사람들이 일본에 대해서 얼마나 민감하고 심각한 문제로 여기는지 말이죠. 일장기 문제부터 많은 이야기들이 있었죠. 처음에는 자료도 거의 없었어요. 그래서 이렇게 해서는 안 되겠다 싶어서 일본까지 가서 자료를 조사했습니다. 그리고 그곳에서 특이한 점들을 많이 발견했습니다. 감독으로서는 박경원이라는 인물이 일반인들한테 전혀 알려지지 않은 인물이어서 사상 논쟁이 부담스러웠던 것은 아닌데, 민감한 시대에 죽은 이 양반을 스크린 위에 담으면서 새빨간 거짓말을 한다는 게 두 번 죽이는 일이 아닌가 하는 생각에 인간적으로 무척 힘들었습니다. 그래서 그런 실수를 안 하려고 자료 조사를 많이 했습니다. 조사를 하다 보니 저희 근대사를 기술하는 데 있어서 많은 문제점들이 보이더라고요. 나중에 보니 그런 건 별로 중요하지 않았어요. 그리고 사실 대한민국 최초의 비행사는 영화에 나오는 이정희로 기록되어 있어요. 대한민국이 해방되고 광복을 맞이하면서 그 이전의 것은 삭제했기 때문이죠. 그런데 이정희는 한국으로 건너와서 한국 전쟁까지 참전하면서 여자 비행사로 활동했기 때문에 대한민국 최초의 비행사로 기재가 되어 있는 거예요. 박경원은 조선 최초의 여성 비행사로 공군 관계자들도 많이 기억하고 있는데, 앞에 대한민국이 아니라 조선이 붙는 거죠. 저는 그런 것들도 이상했습니다. 조선이면 어떻고 대한민국이면 어떤가. 그런 게 중요한 건지 좀 혼란스러웠습니다. 그리고 박경원에게는 '조선 최초의 민간 여류 비행사'라는 또 다른 타이틀이 붙습니다. 권기옥 씨 같은 경우, '조선 최초'에 다른 건 안 붙고 그냥 '조선 최초의 여군'이었습니다. 그녀는 중국군 소속이었기 때문에 그렇게 분류가 되는데, 저한테는 뭐가 최초이고 뭐가 나중이라는 그런 게 중요한 게 아니었습니다. 그리고 비극적인 상황에서 일장기를 들고 탔건 아니건 그런 것도 별로 중요하지 않았습니다. 그것보다는 그 여자의 삶이나 이데올로기에 훨씬 끌렸었고, 그래서 민족을 전면에 내세워 다뤄보고 싶었습니다.

  2년 동안 자료를 조사하면서 마지막에 발견한 건 궁극적으로 한 개인이었습니다. 그 개인의 삶은 이데올로기적으로 욕되기도 했고 조국의 반대편에 서기도 했는데, 저는 그 삶이 가진 꿈 — 현대 여성과의 어떤 연계라든가 이런 건 다 마케팅에서 하는 말입니다 ―, 즉 한 여자로서, 한 인간으로서 꿈을 향해 달려가는 데에 관심이 있었습니다. 불행한 시대에 불행한 선택을 할 수밖에 없었고, 그 선택이 자의인지 타의인지는 우리가 알 수 없습니다. 그러나 역사적으로 사실은 남아 있고, 그에 관한 방대한 자료를 모으고 또 많은 일본 사람들을 취재하면서, 결과적으로 남은 건 그런 생각입니다. 미당 서정주 시인이나 춘원 이광수 같은 여러 친일 문학인들이 있습니다. 그런데 그 사람들이 단지 친일을 했다는 이유만으로 모든 게 말살될 수는 없다고 생각합니다. 그러니까 문학사적인 평가에서 이름이 남아 있겠죠. 춘원 이광수에 대한 영화도 언젠가는 만들어지지 않을까요. 그 사람의 어떤 것을 합리화하는 게 아니라, 그런 인물들을 통해서 그 시대를 더 잘 볼 수도 있다는 생각이 듭니다. 대신에 일제 강점기에 훌륭하신 분들도 있었는데, 그들에 대한 이야기는 왜 안 만드는가와 같은 문제는 있겠죠. 그러나 그런 영화들은 수없이 만들어져 왔습니다. 그 다음에, 단순무식하게, 김두한 씨가 싸우는 액션 영화를 통해서 이데올로기를 푸는 영화도 있었고요. 그러니까 다양한 시각이란 차원에서 박경원에게 접근했고, 결국 거기서 저는 평범한 한 인간을 봤습니다.

역사적 유연성을 박경원에게 불어넣다

〈청연〉이 개봉하기 전에 〈오마이뉴스〉에서 도대체 왜 지금 박경원이라는 친일파를 옹호하는 영화를 만드느냐라는 글이 실리면서 친일파

논쟁에 불이 붙기 시작했습니다. 안타까운 것은 바로 박경원이라는 인물이 식민지 시기의 여성이었고, 사실 후기 식민 혹은 식민 이후의 민족 담론이라는 것이 너무나 완고한 이항 대립으로 설정되어 있다는 겁니다. 〈청연〉을 둘러싼 담론이 친일파냐 아니냐 하는 굉장히 완고한 이분법적 대립에서만 맴돌게 되면서, 〈청연〉이라는 텍스트는 굉장히 손상당했다고 생각합니다.

식민지 여성 박경원, 제국의 여성 기베, 그리고 식민지 남성 한지혁은 어떻게 보면 박경원이라는 한 인물, 즉 세 몸으로 나눠진 한 인물일 수 있겠다는 생각을 했습니다. 영화를 보면, 박경원의 꿈은 영화의 전제가 되어 있고, 그녀의 하늘을 나는 꿈은 영화를 추동하는 힘이라고 할 수 있습니다. 그런 면에서 감독님께서 고민하셨다고 말씀하신 지점도 알 수 있을 것 같습니다. 우리 시대의 소위 한국형 블록버스터라고 범주화되는 영화들이 가장 쉽게 가는 길은 민족주의와 절합하는 방식이었습니다. 그런데 〈청연〉은 그것을 단호하게 거부하고 출발한다는 측면에서 굉장히 다른 식의 평가가 가능하다는 생각을 해봅니다. 영화의 구성을 보면, 박경원이 했던 소위 친일 행위라고 범주화할 수 있는 부분들을 영화적으로는 기베라는 인물과 한지혁이라는 인물을 통해서 너무 전치시키고 있으니까요.

　그래서 개인성이라는 것과 개인의 욕망이라는 것이 가시화될 수 있었고, 스펙터클의 측면에서도 부각된 것 같습니다. 그런데 과연 그 개인의 개인성이라는 부분을 그 시대의 사회적 부분들, 즉 이 여자에게 가해졌던 실제로 확인 가능한 식민적 억압과 여성에 대한 젠더적 억압으로부터, 어쩌면 민족주의 — 우리 시대의 이분법적 민족주의 — 의 함의로부터 그 부담을 덜어내기 위해서 영화적으로 한 여성의 개인성을 너무 탈각시킨 것은 아닌가 하는 아쉬움도 듭니다. 물론 그렇지 않았기 때문에 여성주의적으로 평가할 수 있는 부분, 예를 들어 기베와 박경원의 우정 같은 것이 역으로 텍스트에서 살아나기도 했다고 생각합니다. 어떤 면에서는 우리 시대의 민족주의적 담론들의 억압성, 즉 친일 여부라는 억압적 담론으로부터 벗어나는 길은 그야말로 그런 식민지 대면 상황에서 식민지 여성이 가지고 있었던 협상 능력, 이를테면 정말로 고이즈미의 도움 없이 비행이 가능했을까 혹은 다른 식의 원조 없이 가능했을까와 같은 불가능한 지점들을 식민지와 피식민지의 경계 지역에서 끊임없이 협상해 나가는 개인 박경원을 더 살려내는 것이 민족주의적이고 억압적인 담론으로부터 〈청연〉을 벗어나게 하는 방식이 아니었을까 생각합니다.

박경원의 자료들을 처음 조사하기 시작했을 때, 인터넷만 치면 박경원이 일장기를 든 사진은 다 나와 있었습니다. 그리고 70년대 후반과 80년대 초반에 『한국일보』와 몇몇 매체에서 박경원을 대서특필한 기사가 다 있습니다. 우리나라 '여성항공협회' 김경오 총재(김경오 총재는 여성항공협회를 설립했고, 현재 국제항공연맹 부총재와 대한민국항공회 총재를 맡고 있다)가 정부와 함께 박경원 기념 메달 작업 같은 것을 한다는 기사에서도 최초의 비행사라는 표현을 사용했습니다. 유일하게 가려져 있는 건 뭐냐 하면, 70년대에 두 번 대서특필된 '한국의 여성 시리즈'에서 비행기의 일장기가 지워져 있었다는 거죠. 그런데 80년대 기사를 보면 일장기가 그대로 드러나 있습니다. 그리고 김대중 대통령 시절에 박경원이 추락한 지점인 일본 아타미 지역에 정부가 조성한 박경원 공원이 있습니다. 일반인들에게 박경원이라는 여자가 알려져 있지는 않았지만, 정부 차원에서는 이미 그렇게 배려를 하고 있었습니다. 이데올로기가 검증되지 않고 너무나 문제가 많은 인물이라면 정권 차원에서 그런 일을 할 수는 없었다고 봅니다.

제가 궁금했던 건 그 여자를 둘러싼 이야기들이었습니다. 박경원의 생애를 조사하면서 제일 궁금했던 건 우선 '일만친선비행,' 그러니까 일본에서 조선을 거쳐 만주까지 가는 비행을 박경원이 왜 했을까 하는 것이었습니다. 그리고 두 번째는 고이즈미 수상의 할아버지인 당시 체신성장관과 박경원의 섹스 스캔들 이야기입니다. 세 번째는 박경원의 신사 참배 이야기였습니다. 그 세 가지가 개인적으로 가장 궁금했습니다. 그래서 2년 동안 추적하면서 확인한 건 '일만친선비행'이었습니다. 고이즈미 체신성장관과의 섹스 스캔들이나 신사 참배는 일본에 건너가서 계속 자료를 뒤져봤고, 당시 박경원이 다츠가와 비행학교에 다니면서 자취를 했던 집까지 찾아가서 동네 사람들과 생존해 있는 그 당시의 항공국의 주요 인물들도 만났고, 김경오 총재도 만난 바 있습니다. 김경오 총재는 지금 연세가 70세가 넘으셨는데, 영화에 나오는 이정희의 제자입니다. 그러니까 우리나라 3대 여성 비행사이시죠. 그분한테 "당시 쇼와시대에 대해 잘 알고 계십니까"라고 물었을 때, 그분이 치를 떠시는 게 있었습니다. 식민지 시대에 일장기를 든 건 누구나 욕먹을 짓이죠. 그런데 말도 되지 않는 섹스 스캔들을 여성이기 때문에 유포시키는 것이냐는 거죠. 그런 걸 보면 요즘이나 당시나 상황이 똑같다는 거죠. 여자가 뭔가를(공적인 어떤 일을) 했다 하면, 성과 연관시켜서 생각한다는 겁니다. 임수경이 북한에 갔다고 김정일의 애첩이라는 말을 하고 그랬잖아요. 그건 다분히 여성을 비하하는 말이거든요. 남자가 방북을 하면, 그 사람이 북한 김정일 와이프의 정부情夫였다는 식의 이야기는 없거든요. 그런 부분을 확인하는 데 시간이 많이 걸렸습니다. 박물관에서 당시 비행학교의 자료를 뒤지고, 재일동포들을 통해 당시 생존자들과 인터뷰하면서 물어봤죠. 일본에서는 박경원이 스기야라(고이즈미의 극중 인물명)와 섹스 스캔들을 일으켰다는 증거가 아무 데도 없었어요.

유일하게 확인된 부분은 컴팩트 파일럿, 〈청연〉의 기베가 맡은 역할이었습니다. 그 여자와 스기야라 장관의 염문은 사진과 자료가 많이 남아 있었습니다. 박경원이라는 인물이 스기야라에게 몸을 바쳐 '청연'을 하사받았다면 피해서는 안 되는 이야기겠죠. 일장기를 든 박경원을 영화에 넣은 것처럼, 역사적 사실이라면 넣어야겠죠. 그런데 그걸 발견하지 못했어요. 그리고 신사 참배 이야기입니다. 우리나라 사람들은 신사에 굉장히 알레르기 반응을 보입니다. 저도 자료 조사를 하면서 공부를 하게 됐는데, 지역마다 신사에서 참배하는 대상이 달랐어요. 여러 신을 숭배하는 일본의 민간 신앙과 같은 거죠. 지금 신사가 문제되는 건 야스쿠니 같이 2차 세계대전 때 희생됐던 사람들, 조선인들, 대만인들의 신위를 모셔두고는 일본의 1급 전범들, 전범 재판에서 유죄를 인정받은 죄인들을 신격화시켜서 일본을 지켜줄 수호신으로 섬기고 있다는 겁니다. 그걸 참배라고 부르면서 말입니다. 그러니 야스쿠니 신사 참배 같은 경우에는 일본의 피해국인 우리나라나 대만으로서는 어이가 없는 일이죠. 그런데 일본이 만주사변을 일으킨 게 1930년대 초반이고, 박경원이 마지막 비행을 떠난 것도 30년대 초반이에요. 사료를 근거로 박경원이 마지막 비행을 떠날 수밖에 없었던 이유를 추정해 보면, 아무래도 나이 때문인 것 같아요. 그때 그녀의 나이가 37세인데, 요즘 나이로 치면 50세가 넘은 느낌이죠. 전쟁이 임박해 있다 보니, 그 이후에 민간항공은 기회가 없어요. 군국주의로 들어가기 때문에. 그래서 비행사들은 비행기 면허증을 따거나 비행기를 타기 전에 그곳에 가서 빌었던 거죠. 우리나라도 똑같죠. 교회 믿는 사람들은 교회 가서 사고 없이 비행하게 해달라고 비는 거고, 불교 믿는 사람들은 절에 가서 부처님한테 불공을 드리잖아요. 그 당시에 비행기는 그 만큼 큰 존재였고, 굉장히 위험했고, 비행기를 타다가 추락해 죽는 사람들이 굉장히 많았습니다. 그래서 신사에 가서 그런 걸 비는 거죠. 그때는 그게 그 사람들 토속신앙이니까 각자 알아서 하는 거였죠. 비행학교의 전례로 봤을 때, 비행하는 사람들은 신사에 가서 무사고를 기원했던 거고, 당시 비행을 관할하던 체신성장관도 신사에 가서 비행 사고가 없기를 빌었던 거예요. 그 당시에 신사 참배의 성격은 그런 것이었습니다.

물론 박경원이라는 인물이 독립군이었다면, 그래서 조국을 위해서 싸웠던 사람이라면, 신사 참배를 할 이유가 없었겠죠. 1930년대에 전쟁이 시작되면서 일본에서는 조선인들한테 신사 참배와 창씨개명 등을 강요하게 됩니다. 제가 2년 동안 자료를 조사하면서 가슴이 많이 아팠던 것이 그런 부분이었습니다.

박경원이 일장기를 들었다는 사실에 대해서 면죄부를 줄 생각은 없습니다. 하지만 여자라는 이유로 그녀를 성과 연결지어 도매급으로 넘기려는 부분은 정말 안타깝습니다. 현대 사회가 변했다고 하지만, 여성에 대한 가부장적인 사고는 남자들 머릿속에 깊숙이 남아 있습니다. 왜 우리나라 사람들은 어머니는 위대한 존재라고 생각하는데, 여자는 그렇게 생각하지 않을까요. 도대체 어떤 왜곡 현상으로 인해 그러는 것일까요. 어머니가 나를 이렇게 키워 주시고, 어디 가서 상을 받거나 스포츠 종목에서 금메달을 따면 어머니를 찾는 민족인데, 어머니도 여자인데, 왜 여자에 대한 시각은 그렇게 성으로만 묶으려 드는 것일까요.

제가 자료를 읽으면서 이 여자를 영화로 만들고 싶었던 요인은 바로 그런 것들이었죠. 해방 이후에 정리 안 된 역사적 사실들이 너무나 많고, 여기서 제가 말을 하지 못할 정도로 놀라운 것도 많습니다. 여러분이 잘 아시는 박정희라는 사람은 저희 세대에게 있어서는 악마와 같은 사람이에요. 제가 대학 다닐 때, 민주화를 위해서는 반드시 없어져야 할 인물 중의 하나였고, 20년간 나라를 철권통치하면서 인권을 철저히 짓밟은 타도의 대상이었죠. 그런데 요즘 경제가 어려워지면서 박정희란 인물에 대한 평가가 달라지고 있습니다. 그 사람이 이룩한 경제적 업적은 인정을 해요. 저도 그렇게 교육받았지만, 경제 일은 잘 했다고 생각해요. 그런데 이 사람의 자료를 훑어보면, 일제 강점기 때 만주육군사관학교 출신이에요. 만주에 있던 일본사관학교 생도는 독립군하고 빨갱이 잡아들이는 일을 했어요. 친일도 그런 친일이 있을 수 없죠. 우리가 그런 전력이 있는 사람을 20년 동안 대통령으로 모신 거죠. 제가 말씀드리고 싶은 것은 이데올로기라는 건 신축성을 가져야 한다는 겁니다. 저도 옛날에는 박정희를 독재자라고만 생각했는데, 내가 공부하고 여러 의견들을 들어보았을 때, 이 사람의 한 가지 성과는 오늘날 우리가 살게 된 경제의 밑바탕을 만들었다는 것이고, 단점은 친일 행적, 한일 국교 수립, 독재 행위였다는 생각을 합니다.

박경원도 마찬가지입니다. 제가 그녀의 친일 행적에 대해서 부정하는 건 아닙니다. 있던 일장기를 없애고 안 했던 독립군 일을 했다고 하는 게 아닙니다. 제가 박정희를 독재자로 싫어하지만 그 사람의 경제적 성과는 인정하듯이, 박경원의 친일 행적이 있지만, 내 영화에서는 그 여자가 가졌던 꿈을 그리고 싶었습니다. 그리고 비행기에 접근하기 어렵던 시절에 여자의 몸으로 차별과 멸시를 받아가면서 그녀가 해냈던 것을 부각시키고 싶었던 겁니다.

일제 강점기에 안창남이라는 남자 조종사가 있었습니다. 자료를 훑어보면, 안창남은 일본에서 박경원보다 먼저 공부를 하고 비행을 시작했습니다. 나중에 그런 생활에 환멸을 느껴 만주로 비행기를 몰고 도망가, 그곳에서 독립군 생활을 하다가 돌아가셨죠. 이 역사적 사실에서 숨겨져 있는 건 일본에서부터 조선까지의 안창남의 비행은 제국주의를 선동하는 비행으로 불린다는 겁니다. 안창남이라는 비행사는 그게 싫어서 만주로 간 거예요. 우리나라 기록에는 이게 향토 방문 비행으로만 되어 있죠. 일본에서 봤을 때 조선은 속국이고 지방인 거죠. 어느 기록에도 그런 건 안 나옵니다. 마찬가지로, 박경원의 일만친선비행도 1970년대 기사를 보면 향토 방문 비행으로 되어 있어요. 일본 쪽에서 봤을 때는 일본을 위한 비행이었고, 그건 안창남 비행사도 마찬가지였습니다. 역사를 신축성 있게 볼 때, 그렇게 볼 수 있는 것이 많다는 겁니다.

그러니까 제가 서두에서 말씀드렸듯이, 박경원이 거기서 여자로서 모멸당하고 조센징으로서 억압당하는 것을 영화에서 그리고 싶지 않았던 저변에는 그런 신축성을 갖고 역사에 접근하고 싶었던 마음이 있었기 때문입니다. 1970년대에서 2000년대로 오면서 조센징하고 쪽발이가 대립하는 그런 영화가 계속 있었는데, 그런 것하고 다른 시각으로 가고 싶었습니다. 그 대신에 박경원의 역사적 사실들을 잘못된 것은 잘못된 그대로 나타내고 싶었던 겁니다. 우리가 친일이라는 문제를 신축성 없이 접근하게 되면, 우리는 너무 많은 사람을 잃게 됩니다. 우리 사회 지도층에 엄청나게 많은 친일파들이 들어와 있습니다. 정말로 깨끗하게 친일이 청산된 나라였다면 그들은 사형에 처해졌겠지요. 그런데 친일파하고 우익이 통하는 게 딱 하나 있어요. 그게 뭐냐면 빨갱이입니다. 우리는 해방과 한국전쟁을 전후로 해서 친일파 청산보다 빨갱이 청산에 더 주력했어요. 그래서 그 사이를 비집고 친일파들이 전부 들어왔지요. 당시에 교사였던 사람들 대부분이 일본에서 공부하고 온 사람들이에요. 정말 그것을 다 친일의 범주에 넣는다면, 우리는 건국을 다시 해야 해요.

만약에 손기정 선생님이 올림픽에서 금메달을 딴 게 아니라 태국, 일본, 만주 3개국 대항 마라톤에서 일장기를 달고 금메달을 땄다면 우리는 그분 존경 안 하겠죠. 대회 규모가 작았기 때문이죠. 왜 그분을 조선인의 표상이라고 합니까. 전 세계 만방에 조선을 알렸기 때문이지요. 그리고 우리가 내세울 수 있는건 손기정 선생님이 시상대에 올랐을 때 기뻐하지 않았던 표정, 그것 하나밖에 없습니다. 그거라도 우리는 내세워야겠죠. 일장기를 달지 않으면 당연히 올림픽에 못 나가죠. 꿈은 마라톤인데 조선이라는 나라가 없기 때문에, 선택은 둘 중에 하나예요. 일장기를 달고 나가든지, 아니면 나는 일제가 싫으니까 일장기는 못 달겠다며 그만두든지 하는 거죠. 박경원과 손기정 선생님은 비교 대상이 안 되지만, 상황 자체는 비교할 수 있을 겁니다.

당시에 비행학교를 졸업하는 데는 5천 원이라는 돈이 필요했습니다. 당시에 집 한 채 값이 250원이에요. 집을 스무 채 사는 돈이 필요했고, 또 일본에서 출발해 만주까지 가기 위해서는 만 원의 돈이 더 필요했습니다. 합하면 만오천 원이나 되지요.

그것은 도저히 마련할 수 없는 거고, 더군다나 제일 치명적인 것은 조선에 비행기가 없었다는 겁니다. 그래서 제가 자료를 다 검토하고 최종적으로 생각했던 것은, 친일을 했음에도 불구하고, 이 여자의 꿈은 비극적이었다는 것입니다. 왜 하필 그 시대에 비행기를 타려고 했을까? 조선에 비행기도 없고, 가진 돈도 없으면서 말이죠. 결국 그 꿈이 왜곡된 꿈이었기 때문에 그녀에게 돌아온 건 파멸이었습니다. 조선 사람들도 기억하지 않고, 일제 강점기가 끝나면서 일본인도 기억하지 않는 사람. 박경원이 그런 사람인 거죠.

〈청연〉은 공개된 인물이지만 대중한테 잘 알려지지 않은 박경원이라는 인물을 다룬 영화입니다. 거의 2년 동안 제 책상에 쌓인 자료만 해도 정말 산더미 같은데, 역사적 사실을 왜곡하려고 영화를 찍지는 않았습니다. 접점을 찾는 게 굉장히 어려웠던 영화라는 거죠. 항상 이야기하는 것이지만, 친일은 친일로 남을 수밖에 없어요. 어떤 기자가 저한테 물었습니다. "왜 그런 인물을 하필 이런 시대에 만들어서… 관객에게 시사하려는 의도가 뭐냐." 그래서 제가 그 기자한테 물었죠. 깡패 영화에서 깡패 두목을 희화화시키고, 젊은 애들 보기에 굉장히 멋있게 그리는 건 도대체 어떻게 생각하느냐고, 영화를 본 후 그 영화를 흉내 내느라고 자기 친구 한 번 찔러서 죽여 보고, 누나 한 번 강간해 보고, 폭탄 만드는 법을 배우고, 그런 걸 어떻게 생각하느냐고 말이죠. 그렇게 되면 영화는 다 교훈적인 이야기만 해야 되겠죠. 그런데 지금 우리가 지향하는 시대는 그런 게 아니잖아요. 2000년대라는 건 시각도 다양화되어야 하고, 논쟁도 불러일으켜야 됩니다.

그래서 저는 〈청연〉에 대한 그런 이야기가 있을 때마다, 영화 만드는 사람도 공부를 많이 하고 만들어야 된다고 생각합니다. 그런데 감독으로서 안타까운 것은, 다 공개된 사실인데, 그걸 감추고 뚝딱 만든 것인 양 그리고 나중에 대발견이라도 한 것인 양 하는데, 그건 아니라는 거죠. 영화감독 또한 계속 파고 살펴보고 고민한다는 겁니다.

'기억의 삼부작' 이후

기억의 삼부작 — 〈플레이백〉(1996), 〈메멘토〉(1997), 〈풍경〉(1998) — 부터 〈소름〉까지 만드셨고, 〈청연〉도 과거를 배경으로 하고 있습니다. 기억이라든가 과거로부터 떠나서 다른 영화를 만들 생각도 있는지요.

대학원 과정을 보면, '전공 연구thesis project'라고 해서 하나의 주제를 놓고 3년 동안 그것만 연구하는 과정이 있습니다. 저는 유학 갔을 때 전공 연구를 '영상에 있어서의 기억'이라는 걸로 했었습니다. 그 이유는 개인적인 취향도 있지만, 한국에 그런 주제를 다룬 영화들이 별로 없었기 때문입니다. 3년을 그 주제로 논문도 쓰고 영화도 만들면서 제작 석사 과정을 진행했고, 결국 그것의 산물로서 데뷔작인 〈소름〉을 만들었습니다. 〈청연〉은 말씀드렸듯이 제 아이템이 아니라 회사에서 먼저 연락이 와서 제가 최종적으로 결정했는데, 공교롭게도 여자 비행사 이야기가 된 것이지, 제가 여성주의 입장에서 추구했던 것은 아닙니다. 영화를 작업하다 보면, 단편은 내 마음대로 찍을 수 있습니다. 그런데 영화판은 냉정해서, 프로가 되면, 소수의 감독만이 자기가 하고 싶은 것을 찍을 수 있습니다. 충무로에는 많은 감독과 감독 지망생이 있습니다. 그중 불과 몇 손가락에 꼽히는 사람만이 자기가 원하는 시나리오에 원하는 스태프로 작업을 할 수 있습니다.

내가 믿는 건, 어떤 영화를 찍든 솔직하게 인정하면서 찍으면 그건 속일 수 없다는 겁니다. 〈소름〉에서 열 개가 보였다면, 〈청연〉에서는 또 한두 개가 보일 수 있고, 다음 작품에서는 또 서너 개 보여줄 수 있다는 것이지요. 그랬을 때, 내가 몇 편의 영화를 찍을지는 모르겠지만, 다 모아놓고 봤을 때, 거기 몇 개의 요소들이 교집합되고, 그것이 하나의 스타일로 보이게 되면, 그게 저의 스타일이겠죠. 엄청난 작가가 되면 크고 굵게 관통하는 무언가가 있겠죠.

감독으로서 다른 영화를 분석하는 방법이 있는지 묻고 싶습니다.

좀 죄송스러운 말씀인데, 이상하게 감독이 되고 나시는 영화들 보는 게 싫어졌습니다. 워낙 고생하며 영화 두 편을 찍어서 그런지 모르겠지만, 내 영화 만들기도 힘든데 남의 영화는 볼 수가 없어요. 감독을 꿈꾸시는 분들한테 개인적인 제 의견을 말씀드리면, 영화는 종합 예술이기 때문에 무엇을 보시든 다 도움이 되는 것 같아요. 제가 우려하는 친구들은 오히려 자고 일어나면 영화 보고, 자고 일어나면 영화만 이야기하는 그런 사람들이에요. 그건 나중에 해도 늦지 않습니다. 그 나이에 맞는 경험도 해야 하고, 책도 봐야 합니다. 그래야 연애 이야기도 잘 할 수 있고 다른 사람 이야기도 잘할 수 있는데, 너무 영화에만 심취해 있으면 상당히 역효과가 나는 경우가 많은 것 같아요. 영화를 찍는 건 기술입니다. 찍다 보면 점프 컷도 없어지고 튀는 것도 다 해결됩니다. 그런데 어쩔 수 없는 건 사고의 한계인 것 같습니다. 그건 나중에 아무리 발버둥을 쳐도 갑자기 하기에는 너무 힘든 것 같아요. 그런데 기계라는 건 만지고 하다 보면 누구나 다 익숙해지잖아요. 영화를 하고 싶은 사람들한테 말씀드리고 싶은 건, 영화 말고 다양한 사람도 만나고 다양한 소재도 접하라는 거죠.

마지막 질문입니다. 20년이 흐른 다음, 윤종찬 감독은 어떤 감독으로 기억되고 싶습니까? 이 질문은 윤종찬 감독에게 영화란 무엇인가라는 질문이 될 수도 있을 것 같습니다.

저는 후대에 자기 스타일이 있는 감독이라는 이야기만 들으면 행복할 것 같아요. 잘 찍고 못 찍고를 떠나, 자기 스타일이 있었던 감독이라는 이야기만 들을 수 있다면, 저는 좋을 것 같습니다.

이재용

〈다세포 소녀〉

이재용

현대 매체의 영향과 그 문제를 그린 단편 영화 〈호모 비디오쿠스〉(1991, 변혁 공동 연출)로 끌레르몽페랑영화제 심사위원상, 비평가 대상을 비롯해 샌프란 스시코영화제 대상을 수상하면서 주목을 받기 시작했다. 1998년에 연출한 첫 장편 영화 〈정사〉는 세련된 스타일의 멜로드라마로 호평을 받았고, 2000년에 한·일 합작 영화인 〈순애보〉를 연출했다. 금기와 제도의 억압에 도전하는 사 극 〈스캔들 ─ 조선남녀상열지사〉와 동명의 인터넷 만화를 원작으로 한 〈다세 포 소녀〉에서는 고정관념을 깨는 연출력을 보였다. 최근작으로 모큐멘터리 영 화인 〈여배우들〉이 있다.

〈여배우들〉(2009)
〈다세포 소녀〉(2006)
〈한 도시 이야기〉(2004) / 〈사랑의 기쁨〉(2004)
〈스캔들 ─ 조선남녀상열지사〉(2003)
〈순애보〉(2000)
〈정사〉(1998)
〈호모 비디오쿠스〉(1991)
〈어머니의 여름〉(1990)
〈유전〉(1990)
〈거울 속의 시간〉(1990)

이재용 감독 자신의 말을 빌리면, 이재용 감독은 지방 출신인데 서울 출신으로, 유학을 다녀오지 않았는데 프랑스 유학을 다녀오지 않았느냐는 이야기를 듣는 그런 감독이다. 말끔한 외모에 어눌한 충청도 사투리를 구사하는 이재용 감독은 대담 내내 자신의 영화와 자신이 갖고 있는 양가성과 이중성에 대해 이야기했다. 〈정사〉에서 사용한 브라질 음악은 〈스캔들〉에서 클래식 음악으로 바뀌더니, 결국 〈다세포 소녀〉의 뮤지컬로 끝이 났다. 장르라는 배경이 형상의 전면에 등장하면서 온갖 경계를 뒤집어 놓은 이 작품에 대해 감독은 흥행에는 실패했지만 감독 자신의 감수성에는 솔직했기에 만족한다고 했다. 〈정사〉와 〈스캔들〉로 주류 장르 영화를 쇄신하다가 〈다세포 소녀〉로 주류의 정서를 배신했던 그의 영화 이력이 결국 타협점을 찾은 건 〈여배우들〉이었다. 그는 그렇게 여전히 주류의 얼굴로 비주류의 마음을 담고 있었다.

조금 다른 영화, 〈다세포 소녀〉

> 〈정사〉(1998)와 〈스캔들〉(2003)은 격조 있는 멜로드라마와 사극으로 흥행 성적이 매우 좋았는데, 〈다세포 소녀〉는 흥행 성적이 거의 최하위에 가깝습니다.

애써 태연하려고 합니다. 사실, 인터넷 기사나 댓글은 안 보는 게 제 정신 건강에 좋을 것 같아서, 어떤 평이 올라와 있는지 모릅니다. 조심스럽게 전해 들었는데, 농담처럼 그 기록이 안 깨지도록 최저점이 되었으면 좋겠다는 말도 했고요. 평 같은 것을 읽는다고 제 영화 세계가 바뀌거나, 그것 때문에 어떤 영화를 하겠다는 생각은 하지 않을 것 같습니다. 그래서 평도 잘 안 읽는 편입니다. 그저 내가 하고 싶은 것들로 관객과 만나고 싶습니다. 사람이 쉽게 바뀌지 않는다는 것을 알고 있기 때문이지요. 이 영화에 대한 이야기들을 전해 들으면서 느낀 것은 처음에 생각했던 것과 다르지 않다는 것입니다. 처음에 이럴 줄 몰랐다고 생각한 것은 아니었습니다. 중간에 이런 것들이 다른 결과를 냈으면 하는 기대와 요행 같은 것은 있었지요. 생각해 보면, 어느 정도 예측했기 때문에 그랬는지 몰라도, 다시 한 번 확인하는 것 같은 느낌이 들었습니다. 아직은 실감을 못하는데, "요즘 뭐하고 있냐?" 그러면, 농담처럼 "일이 안 들어와서요…"라고 말하고 있습니다. 아직까지는 제가 하고 싶은 것을 할 수 있을 것 같습니다.

예측을 하고 영화를 찍었다면, 그 과정에서 투자자들이 실망할 수도 있겠다는 생각을 하셨는지요.

제작자가 '영화세상'의 대표님인데, 개인적으로 알게 된 건 20년 가까이 되었고, 같이 작업해 본 것은 이번이 처음이었습니다. 오히려 제가 그분에게 이 작품을 진짜 제작하실 건지 여러 번 물어봤습니다. 보통은 감독이 하고 싶은 것을 제작자에게 하고 싶은지 묻는 것이 정상인데, 오히려 그분이 저를 설득했어요. "괜찮다, 어차피 영화계는 돌아가야 한다"라고 하면서요. 그리고 투자하는 사람들이 된다고 할 때는 자기들이 판단해서 하는 것이고, 거짓말을 하거나 억지로 돈을 뺏어 오는 게 아닐 경우, 그 결과는 투자자들의 것이라고 계속 저를 고무시켜 주었습니다. 제 성격이 뻔뻔한 편이 못 되어 걱정도 하고 우려도 했지요. 그런데 시작이 됐고, 상업 영화라는 것은 어느 정도 예측할 수 있는 것도 있겠죠. 하지만 영화계에서 흔히 하는 말 중에 흥행은 아무도 알 수 없다는 말이 있습니다. 그래서 영화를 만들 때 개인적인 마음가짐은 이렇습니다. 한국에서 몇 년 전까지만 해도 연간 60편에서 80편 정도 만들어졌는데, 올해(2006)는 거의 120편 이상 만들어질 것 같습니다. 그중에 여러분이 알고 있는 소위 '초대박' 영화들은 아마 열 편도 안 될 겁니다. 관객 수가 500만이 넘는 영화는 5편 이하일 것이고요. 그 다음에 어느 정도 회자되고 흥행되는 영화가 열 편을 좀 넘을 겁니다. 그리고 간신히 본전만 건지는 영화가 한 열댓 편이고요.

나머지 80~90편은 망한 영화일 것입니다. 모든 영화들이 대박을 꿈꾸며 만드는데, 80~90편은 망하거든요. 그렇게 예측 불가능한 것이 영화 흥행이기 때문에, 제 영화로 흥행을 목표로 한다는 것은 스스로 잘 감당하지 못 합니다. 제가 할 수 있는 것들을 만드는 것, 최소한 작품 면에서 너무 욕먹지 않는 작품을 하는 것이 저의 큰 목표입니다.

〈사이보그지만 괜찮아〉(2006)를 만든 박찬욱 감독과 이재용 감독의 행보가 궁금합니다. 이런 식의 비정형화된 영화를 계속할 의향이신지요.

비정형적인 영화라는 말 외에는 〈사이보그지만 괜찮아〉와 흡사한 점이 없을 것 같기는 합니다. 〈사이보그지만 괜찮아〉는 나름대로 굉장히 영리하게 기획된 영화라고 생각합니다. 저예산 영화지만 비와 임수정 같은 스타를 썼고, 또 박찬욱이라는 브랜드가 있었으니까요. 여러 면에서 흥행에 실패할 확률이 별로 없는 기획이라고 생각합니다. 그러니까 최소한 어느 정도 흥행이 될 거라고 예상하고 만든 것이라서 〈다세포 소녀〉와는 차이가 있다는 거죠. 비슷한 점이 있다면, 박찬욱 감독과 제가 같은 세대여서 고등학교 시절과 대학교 시절부터 많은 영화를 보아 왔고 또 할리우드의 전형적인 영화들과는 다른 내러티브나 형식 등에 관심이 많다는 것입니다.

〈다세포 소녀〉를 처음 제안 받았을 때, 제 첫 번째 생각은 5억 미만으로 비디오나 HD로 제작하지 않으면 위험하다는 것이었습니다. 그런데 오랜만에 영화를 하시는 분(안동규 제작자)이 여러 가지 외적 조건을 만들어 주시면서 규모도 좀 커지고, 소위 말하는 메이저급의 영화가 되었지만, 저는 이 영화가 메이저급 영화의 틀은 아니라고 생각했습니다. 그럼에도 하게 된 것은 이런 영화들을 통해서 한국 관객들의 취향도 좀 바뀌어 가지 않을까 생각했기 때문입니다. 박찬욱 감독의 경우는 외적인 부분이 좀 더 탄탄합니다. 이 영화는 박찬욱이 아니거나 비와 임수정이 아니었다면 제작이 안 됐을지 모릅니다. 많은 사람들은 그 브랜드 때문에 보러 갈 겁니다. 그럴 경우 관객과 소통할 때 줄타기를 해야 하는 지점들이 있지요. 개인적으로는, '영화세상'의 안동규 사장처럼, 그런 경고를 했음에도 불구하고 제작하려는 곳이 있다면, 저는 할 의향이 충분히 있습니다. 자본이 되고 제가 하고 싶은 영화라면, 흥행은 다음 문제이기도 하니까요. 영화학교를 졸업한 후의 저의 많은 아이디어들을 생각해 보면, 〈정사〉와 〈스캔들〉보다는 〈다세포 소녀〉나 단편 영화인 〈호모 비디오쿠스〉 쪽에 생각이 더 많았고, 제가 써놓은 시나리오들도 흥행과는 거리가 먼 것들이 더 많습니다. 나중에 점점 힘이 빠져서 못할 수도 있겠지만, 저예산 영화들을 꾸준히 만들어 갈 요량만 되면 그때 가서 해야지 하고 미뤄놓은 영화들이 꽤 있습니다. 〈다세포 소녀〉는 제기 생각했던 것보다 영화의 규모가 커져서 잘못된 부분이 있었습니다. 영화의 틀에 맞는 예산이 있다고 생각합니다. 우리 같은 경우는 일등이 아니면 살아남지 못하기 때문에 '영화세상'도 부득이 이 영화의 규모를 키워야만 했고, 영화의 실제적인 것과 상관없이 250개 극장을 잡아야만 했지요. 거기서 홍보비와 마케팅비가 더 올라가버렸고, 그렇게 되니까 광고를 하고 경쟁을 해야 했습니다. 이렇게 해서 악순환이 되는 것이지요. 여하튼 여기서 질문한 비정형화된 영화들을 계속 할지에 대해서는 마음속으로는 할 생각인데, 어떤 기회가 오느냐에 따라서 할 수도 있고 안 할 수도 있습니다.

중심과 주변 사이에서 줄타기

> 원작 만화를 영화화하게 된 동기는 무엇이었는지요. 또 만화를 영화라는 매체로 옮기면서 어떤 양식을 차용하려 했는지요.

영화사에서 〈다세포 소녀〉 연출을 김지운 감독에게 먼저 의뢰했었습니다. 김지운 감독이 읽어 보고 "이건 이재용 감독이 재미있어 하겠는데요"라고 얘기를 했나 봐요. 그런데 사장님은 시나리오와 제가 전혀 매치가 안 되었죠. 제가 개인적으로 재미있어 하는 부분이 만화 〈다세포 소녀〉(작가: B급 달궁, 연재: 네이버)에 있었어요. 흔한 얘기지만, 고정관념을 깨거나 관습적인 것을 뒤집는 것들, 소위 말하는 정치적으로 올바른 것에 대한 강박관념까지도 깨는 부분이 개인적으로 재미있었습니다. 영화화되면서 화제가 되기도 했고, 실제로 그 만화를 열렬하게 지지하는 마니아들이 있었지만, 이것이 대중적인 것이라고 생각하지는 않았습니다. 제 개인적인 성향을 먼저 말씀드리면, 제 영화를 가지고 이야기할 때 남들과 불편할 수 있는 주제를 나누는 것에 대해 제가 먼저 불편해하기 때문에, 에피소드를 고를 때에도 같이 낄낄거릴 수 있는 에피소드만을 선택한 것 같습니다. 거기에는 화장실 유머도 더 있고 민망한 것들도 더 많았는데, 굳이 이 영화를 통해서 그것을 보여주고 싶지는 않았습니다. 만화에서 강하게 표현된 것을 영화에서 쓰지 않은 것은 제가 원하지 않았기 때문입니다. 어느 인터뷰에서도 얘기했는데, 예방주사를 맞듯이 이런 영화들에서부터 시작해 좀 더 강한 영화들로 한 단계씩 옮겨 가면 어떨까 하는 마음으로 제가 감당할 수 있는 에피소드들을 선택했습니다. 만화에 비해 속도감이 떨어진다는 점에 대해서는 다음과 같이 말씀드릴 수 있을 것 같습니다. 저는 영화에서 생각할 여지를 주는 것을 좋아하는 편입니다. 좀 더 자극적이거나 경쾌함을 바라는 관객들도 있겠지만, 그렇게 하지 않았던 것은 제 성향 때문일 수도 있습니다. 에피소드들은 그런 기준들로 모았고, 내러티브는 — 만화의 경우, 줄거리 없이 단편으로 되어 있지만, 그래도 제 나름대로 접점 중에 하나가 줄거리라고 생각했기 때문에 — 학교를 둘러싼 음모와 괴물 이무기의 등장으로 얼기설기 짜게 되었지요.

세련된 멜로드라마를 잘 만드는 감독이라는 평가를 배반한 채 불안정하고 실험적인 모험을 시도하면서 성취하고 싶었던 것은 무엇이었는지요. 이와 연관해, 영화감독으로서 자신이 잘하는 것과 하고 싶은 것 사이에 균형을 잡아가는 것에서 느끼는 어려움이 있는지요.

〈정사〉가 세간에 알려진 상업 영화로서 첫 번째 영화였고, 〈순애보〉는 흥행이 안 되어 그런 평가들이 나오는 것 같습니다. 이렇게 말씀드리면 어떨지 모르겠지만, 저한테 팬이 있다면, 그건 〈순애보〉 팬인 것 같습니다. 〈정사〉와 〈스캔들〉은 대중적으로 배우, 분위기, 내용 모두 좋았던 것 같습니다. 하지만 〈순애보〉를 좋아한 사람들은 이재용이라는 감독을 좋아한 것 같습니다. 기자나 평론가들도 나중엔 "사실 〈순애보〉가 제일 좋아요"라고 하시더라고요. 그런 것은 한편으로 소외되었기 때문에 말해 주는 것이라고 생각합니다. 〈한 도시 이야기〉(2004)라고 서울을 하루 동안 여러 명의 감독들이 옴니버스 형태로 찍은 다큐멘터리 영화를 만든 적이 있습니다. 〈호모 비디오쿠스〉란 단편을 만들기도 했습니다. 제가 영화학교를 졸업할 당시에는 짐 자무시나 레오스 카락스 같은 감독이 있었지요. 어렸을 때 수많은 할리우드 영화를 보고 자랐고, 유럽 영화에 경도되어 있었어요. 영화학교를 졸업하고 영화를 만들려고 했을 때, 제 나이가 스물여섯, 스물일곱이었거든요. 그때는 구조가 탄탄하면서 삶을 담은 이야기들은 제 연륜으로는 못할 것 같다는 생각이 들었습니다. 그래서 젊을 때는 젊은 감독이 할 수 있는 영화를 해야겠다고 생각했지요. 그리고 내러티브에 자신 없는 부분이 있었어요. 그러다 보니 '영화는 무엇이고, 영화의 진실은 무엇인가'라는 식의 생각들을 하면서 다큐멘터리에 빠져들기도 했습니다.

그런데 〈정사〉는 내러티브가 강한 제도권 상업 영화죠. 그래서 제가 생각했던, 내가 해야 될 영화를 안 하고 이 영화를 하는 것에 대해 자괴감이 있었어요. 어쨌든 금방 자기변명으로 합리화를 하면서, '이거야말로 실험이고 도전이다'라고 생각했죠. '젊었을 때는 도전적이고 실험적인 영화를 하기로 했는데, 내가 나중에 연륜이 쌓인 후에 하려던 영화를 일찍 하게 됐으니까 이게 도전이 아닐까'라고 스스로 위안한 적이 있습니다. 그 영화가 부산국제영화제를 통해 처음 공개되고, 사람들이 그 영화를 통해서 저를 보기 시작한 거죠. 〈정사〉란 영화는 세련된 점이 있어요. 제 의도와 상관없이, 권태로운 여자의 일탈로 보이는, 거슬리는 부분이 있었죠. 그런 것은 어느 정도 평론가의 몫이라고 생각했는데, 부산국제영화제에서 바닷가를 혼자 걸으면서 생각해 보니까, 그것도 나의 한 부분이라는 점을 깨달았어요. 왜냐하면 최근 몇 년 동안 영화사가 강남의 청담동으로 많이 옮겨왔고, 그 주변에는 카페들이 많이 있어요. 영화사를 다니면서 그 주변을 많이 보고 〈정사〉를 촬영하게 됐으니까요. '그런 것들도 내 안에서 자연스럽게 받아들여지는 부분이 있구나. 사랑 얘기도 재미있고 할 만하다'는 생각이 들었어요. 사실, 그전까지는 사랑 얘기에 조금도 관심이 없었어요. 지금도 사람들은 〈정사〉나 〈스캔들〉 같은 멜로를 잘하고, 그런 것을 좋아하는 감독이라고 생각합니다. 좋고, 관심 있고, 할 만한 애기인 것은 알겠는데, 그전까지는 전혀 관심이 없었어요. 그래서 새로이 저를 발견하는 계기가 됐습니다. 그런 얘기를 좋아했고, 굉장히 디테일한 부분들과 취향들을 그려내는 것도 좋았습니다.

〈다세포 소녀〉를 저예산 영화처럼 거칠고 투박하게 만들고 싶었는데, 결국 제가 미술에 신경 쓰고 색감에 신경 쓴 것을 보니까 미술적인 것이나 시각적인 것을 즐기고 좋아하는 사람이었던 거죠. 더 답답한 부분이라면, 저 스스로 진지하거나 심각한 것을 못 견뎌 한다는 사실입니다. 〈스캔들〉의 DVD 타이틀을 낼 때, 보너스 트랙에 1.85:1 비율로 찍은 것을 다 보여주고 싶다고 했어요. 극장에서는 그렇게 보이지 않지만, 촬영할 때는 넓게 촬영을 하거든요. 왜냐하면 그들이 우아하게 앉아 있을 때, 뒤에서는 부채질을 하고 있고, 머리를 들고 있고, 누워서 음식을 바치고 있는 것을 그대로 보여주면 얼마나 판타지가 깨질까 하고 생각했고, 바로 그걸 보여주고 싶었거든요. 영화를 찍으면서도 그런 것을 즐기곤 합니다. 둘이 진지하게 키스할 때, '입 냄새가 나지 않을까' 같은 딴 생각들을 많이 합니다. 중심에 있는 것보다 그 이면에 관심이 더 많기 때문에, 답답한 부분들을 찍을 때도 그런 걸 즐기면서 하게 되는 거죠. 그러면서도 여전히 왔다 갔다 하는 것 같습니다. 그래서 〈다세포 소녀〉 같은 영화들이 기본적인 성향으로 있고, 오히려 〈정사〉나 〈스캔들〉은 나중에 발견하게 된 성향인 것 같아요. 그래서 앞으로도 조화를 이루면서 갈 것 같습니다.

그렇지만 그렇게 성공한 두 편의 영화로 인해서 감독님을 바라보는 평론가나 기자, 관객들이 감독님에게 갖는 이미지가 있죠. 영화를 홍보하기 위해서는 거기에 맞춰서 얘기도 해야 하고요. 그런 점에서 갑갑한 심정도 있을 것 같습니다.

사실, 제가 〈다세포 소녀〉적인 것을 즐긴다고는 하지만, 그런 사람으로 보이는 것을 즐기지는 않습니다. 가까운 사람들, 그러니까 김지운 감독도 저하고 친하게 지내니까 "이재용 감독이 좋아할 거다"라고 얘기할 수 있지, 외부에서 보면 그렇지 않으니까요. 〈정사〉나 〈스캔들〉도 제가 하기 싫은 걸 한 것은 아니거든요. 두 편 다 시나리오를 본 다음에 하고 싶은 마음이 들었으니까요. 오히려 〈다세포 소녀〉 같은 경우가, 처음에 영화사에서 제안했을 때, 그 내용의 민망함과 여러 가지 점잖지 않은 — 어쩌면 유림에서 들고 일어날지도 모르는 — 내용들 때문에 주저했었죠.

엄숙함을 깨는 일탈이 즐겁다

감독님은 금기나 제도의 억압에 대한 반항과 도전이란 주제를 반복해서 일관되게 표현하는 특별한 이유가 있는지요.

중심에 있거나 권위적이고 진지한 것들에 대해 못 견뎌 하는 것이 기본적으로 있는 것 같습니다. 어떤 현상의 이면에 대해서 더 관심이 많고요. 〈순애보〉를 보면, 모든 인물의 이면이 등장하는데, 일본 여자가 눈길을 줬던 헬스클럽의 남자는 게이오대학에 다니는 건실한 모범 청년으로 보입니다. 그 다음에 보면, 포르노 사진을 찍는 남자로 나옵니다. 나중에 지하철에서는 그냥 평범한 아이의 아버지로 보입니다. 그 남자를 아무것도 모른 채 보면 '참 잘 생기고 건실한 모범생이네'라고 생각하지만, 포르노 사이트에서 일하는 것만 보면 '역시 느끼하게 생긴 것이 저런 거 하게 생겼어'라고 할 수 있는 것이죠. 또 아기 아빠의 모습을 보면 '아, 참 행복한 가장이다'라고 보는데, 사실은 허상만 보는 거죠. 그 셋을 다 합한 것이 그 사람인데, 우리는 한 가지만 보고 그 사람을 판단해 버리죠. 그런 면들이 있는 것 같아요. 이근안이라는 고문기술자도 집에서는 다정한 아버지일 수 있지만, 어쨌든 유례가 없는 고문 기술자였지요. 이렇듯 세상을 단순하게만 볼 수는 없는 것 같아요. 사람은 선입견에 의해 누군가를 쉽게 판단해 버리는 경향이 있기 때문에, 세상을 제대로 보기 위해 그 이면에 관심을 가지게 되는 것 같습니다. 저는 대전에서도 유성이라는 곳 출신입니다. 장자도 아닌 막내로 태어났고, 대전 변두리에서 대전 중심으로 학교를 갔고, 또 대전에서 서울로 올라오게 되었습니다. 외국으로 여행할 기회가 많은데, 한국을 또 세계의 변방으로 느끼게 되지요. 살면서 중심과 변방 양쪽을 모두 보는, 혹은 보려는 시도를 하면서 그런 시각이 좀 발달한 것 같습니다. 대학교 때 터키어를 전공했는데, 터키 역사를 공부하면서 유럽을 통해서 배운 터키와 내가 직접 보고 배운 터키가 너무 다르다는 것을 느꼈어요. 거기에서도 주변과 중심의 차이를 보게 되었습니다. 제가 정치적으로 급진적이지는 않지만, 중심이 아닌 것들에 관심이 많습니다. 예를 들면, 〈한 도시 이야기〉라는 다큐멘터리를 만들 때도 제가 찍은 사람들은 입양아와 외국인 노동자, 그리고 에이즈 걸린 사람들이었습니다. 굳이 편을 들자면, 약자의 편에 서려는 성향이 있고, 또 관심이 있는 것 같습니다. 중심의 어떤 것을 조롱하고 싶은 그런 기본적인 성향이 있는 것 같습니다.

다른 인터뷰에서 페드로 알모도바르 감독의 영화 같은 작품을 만들고 싶다고 한 적이 있습니다. 알모도바르 감독 영화의 특징 중 하나가 강렬한 멜로드라마 중간에 노래와 춤이 들어가는 공연 시퀀스를 삽입하는 것이죠. 감독님의 〈다세포 소녀〉와 〈순애보〉에서 잠깐 등장하는 공연 시퀀스를 보면서 굉장히 비슷하다고 느꼈습니다.

어제도 부산에서 기차를 타고 오면서 느낀 것인데요, 동대구, 대전 등 역에 정차할 때마다 가야금 소리와 함께 "여기는 동대구역입니다"와 같은 안내 방송이 나오더라고요. 그 순간, 얘기하다가 갑자기 '춤춰야 하지 않을까'라는 생각을 하면서, 동행한 오정완 대표(영화사 봄)와 같이 그 음악에 맞춰 춤을 췄어요. '이마트' 같은 데서도, 엄숙하게 카트를 끌다가도 음악이 나오면 카트를 끌던 사람들이 '춤을 춰야 하지 않을까' 하는 상상을 하게 됩니다. 그러니까, 아까 말했듯이, 일상에서 일탈하는 것들의 즐거움이나 상상으로 즐기는 것들을 영화로 표현하고 싶은 것 같습니다. 뮤지컬 같은 걸 아주 많이 좋아하는 것은 아니지만, 일상에서 갑자기 춤으로 돌아가는 데서 희열을 느끼는 것 같습니다.

다른 사람들은 재미없다고 할지 모르겠지만, 진지하게 작품 얘기를 하다가 갑자기 춤을 춘다고 생각하면 재미있어져요. 춤은 잘 모르겠지만, 음악은 참 좋아합니다. 음악으로 영화의 톤을 많이 잡기도 합니다. 〈정사〉의 경우, 남자를 브라질에서 온 것으로 설정한 것은 브라질 음악의 선택과 동시에 이루어졌습니다. 남자의 테마를 브라질 음악으로 해보자고 한 것이죠. 〈스캔들〉의 경우에는, 긴장감은 가야금으로, 외로움은 대금으로 표현하는 한국 사극 영화의 관습을 반복하기 싫고 또 예측할 수 있는 것이 싫어서, 그림은 사극이지만 클래식 음악을 입혀본 것입니다. 음악적인 리듬이나 톤에서 영화의 전반적인 것들을 많이 떠올리기 때문에 언젠가 뮤지컬을 꼭 한 번 해보고 싶습니다. 〈다세포 소녀〉는 전통적인 뮤지컬이 아니지만, 다양한 형식들을 시도해 볼 수 있는 작품이라 이 기회에 뮤지컬 장면들을 넣어보자고 마음먹었습니다. 저는 갈수록 할리우드 영화들이 재미가 없어지더군요. 서스펜스 영화에서 주인공은 늘 누명을 쓰고, 분명히 누명을 썼다는 것을 아는데, 억울하게 계속 당하고 있잖아요. 그럼 저는 그런 영화는 못 봐요. 왜 저래야 하는지 모르겠어요. 공포 영화에서도, 분명히 죽을 걸 아는데,

지하실에서 소리가 나면 지하실로 내려갑니다. 그리고 가서 꼭 죽어요. 공포 영화에도 저는 몰입이 안 돼요. 감독이 조작을 해서 감정을 몰아가는 영화들은 몰입을 안 하게 되기 때문에, 저는 그런 영화를 볼 때는 뒷짐을 지고 계속 코멘트를 달면서 봅니다. 저는 몰입하지 않고 거리두기를 하면서도 영화를 즐길 수 있거든요. 그런데 우리 관객들은 몰입해서 즐기는 것밖에 모르는 것 같습니다. 〈다세포 소녀〉도 몰입하지 않으면 즐길 수가 있거든요. 어쨌든 〈다세포 소녀〉 같은 경우는 관객이 마음을 두고 몰입할 수 없기 때문에 분개하는 것이거든요(웃음). 몰입을 안 하면서 즐길 줄 아는 분들은 재미있어 하는 거 같습니다.

〈순애보〉와 〈다세포 소녀〉에서 컴퓨터 화면이 나오면 아이디가 모두 트래비스72입니다. 혹시 〈파리, 텍사스*Paris, Texas*〉(빔 벤더스, 1984)의 주인공 이름을 따른 것인가요.

그렇습니다. 〈파리, 텍사스〉를 떠올리기는 했지만, 그것보다는 〈택시 드라이버*Taxi Driver*〉(마틴 스콜세지, 1976)의 '트래비스'입니다. 〈호모 비디오쿠스〉에서 머리를 깎는 장면은 〈택시 드라이버〉의 트래비스를 흉내 낸 것입니다. 특별한 의미보다는 세 영화 안에 제가 좋아하는 것들을 계속 여기저기에 이용하는 것이라고 할 수 있죠.

매체에 대한 인식 또한 이야기하는 방식이다

> 〈다세포 소녀〉를 보면, 매체들에 대한 언급이 많은데요. 이런 특징은 감독님의 초기작 〈호모 비디오쿠스〉부터 중요한 이슈로 자리를 잡은 것 같습니다. 〈순애보〉에서의 채팅 장면도 그렇고, 이 틀에서 보면 〈스캔들〉의 춘화집 또한 그 연장이라고 생각됩니다. 매체에 대해서 어떤 생각을 갖고 계신지요.

〈호모 비디오쿠스〉라는 단편을 만들 때, 변혁 감독과 공동 연출을 했습니다. PC 통신에서 채팅이 처음 등장한 때였는데, 인터넷 채팅과 관련된 곳에서 '플라잉 폭스'란 이름으로 게임을 개발했던, 동기의 동생이 있었어요. 그 친구를 보면서 정말 새로운 세대가 나온 것 같다고 느꼈어요. 그때 그 친구가 스물하나였는데, 그 당시 매스미디어의 영향력에 관심이 많았던 탓에 저 친구 얘기를 같이 해보면 어떨까 하는 얘기가 나왔죠. 그래서 그 친구가 직접 출연을 한 것입니다. TV의 영향으로 인해 변해가는 것들에 대한 이야기에서 출발했는데, 한 번도 영화를 만들어보지 않았기 때문에 어떻게 영화를 만들까 고민을 많이 했습니다. 그런데 내러티브는 떠오르지 않고 아이디어들만 단편적으로 떠오르더군요. 머리를 깎는 것과 같은 많은 장면들이 데자뷰처럼 어디선가 본 것 같았어요. 생각해 보면, 내가 봤던 어떤 영화의 한 장면인 것 같기도 하고 TV 광고였던 것 같기도 했습니다. 내가 생각해 낸 모든 아이디어들이 그러한 미디어에서 벗어난 것이 하나도 없다는 것을 알게 됐습니다. 이를테면 새로운 것을 할 수가 없다는 것이죠. 제가 1965년생인데, 65년이면 TV가 막 보급되던 무렵이었고, 제가 서너 살 때 집에 TV가 있었던 거 같아요. 글을 인지할 때부터 TV를 보고, 영화를 보고, 만화방에 다니는 등 저도 그런 매스미디어에 노출된 첫 번째 세대, 즉 영상세대라고 할 수 있죠. 6·25도, 4·19도, 일제 강점기도 겪어보지 못한 내가 할 수 있었던 것은 책을 읽고, TV를 보고, 영화를 보는 것이었어요. 그런데 그것이 남의 것이라고 생각하니까, 내가 할 수 있는 게 아무것도 없는 것 같아서 위기의식을 느꼈습니다. 그러나 역사적 경험이 없더라도 한국 영화를 하면서 또 TV를 보면서 그러한 것들이 걸러져서 '나' 화되어 나온다면, 그것이 내 것이라는 생각을 했어요. 그런 식으로 〈호모 비디오쿠스〉는 결국 내 애기가 되었지요. 그 안의 '천국보다 낯선'이라는 부제나 '소년 TV를 보다,' '소년 소녀를 만나다'라는 식의 패러디를 통해 결국 그것이 또 다른 이야기하기 방식이 된다고 생각했습니다. 그 이후에도 그것은 내게 계속되는 주제인 것 같습니다. 그 다음에 인터넷이 나오면서 〈순애보〉가 나왔고, 그러다 보니 〈다세포 소녀〉까지 매체에 대한 인식은 매스미디어의 첫 세대로서 나 스스로의 관심사가 되었죠.

〈다세포 소녀〉의 경우, 특이했던 것은 영화 안에서도 다양한 인터넷 매체나 미디어의 표면들이 보이지만, 영화 외적으로도 〈다세포 소녀〉라는 이야기 자체가 다양한 매체들을 넘나들면서 동시적으로 등장을 했습니다. 출판 만화가 아니라 인터넷 만화이고, 텔레비전 시리즈(케이블 채널 OCN 제작·방영)도 제작되어 유사한 시기에 방영이 됐고요. 이런 상황에서 영화를 찍는 것에 어떤 의미를 두는지요.

TV 시리즈 〈다세포 소녀〉는 제가 기획을 한 것은 아닙니다. 단편 영화감독들을 선별해서 7, 8편씩을 만들었고, 제작자도 1세대 프로듀서라고 할 수 있는 신철 씨 같은 분들이었습니다. 프로듀서 시스템을 도입해서 긍정적으로 발전시킨 분들인데, 그분들이 새로운 매체를 느리지만 따라잡으려고 하는 시도를 많이 하시더라고요. 원 소스 멀티 유스라는 결과를 내기 위해서였죠. 저도 그것이 재밌어서 '얘기를 만들어보자,' '다세포 클럽이라는 나이트클럽도 만들자,' '다세포 밴드도 만들자' 등의 아이디어를 덩달아 내고, '다세포 처녀, 다세포 할머니'와 같은 얘기들도 나왔어요. '다세포 할머니'는 제가 해보고 싶었어요. 할머니들이 요양원에서 탈출해 자기들을 '미녀 삼총사'라고 하는…. 다세포 할머니는 내가 정말 할 얘기가 많을 것 같아서…(웃음). "이 영화 잘 되면 나중에 하자"고도 했었습니다. 영화 자체로 보면, '흔들녀' 같은 캐릭터는 〈호모 비디오쿠스〉를 할 때부터 나온 것입니다. 93년에 '신씨네'에서 김성수 감독, 박헌수 감독, 〈아름다운 시절〉(1998)을 만드신 이광모 감독과 저 이렇게 해서 옴니버스 영화를 기획한 적이 있었습니다. 그때 제가 쓴 시나리오가 〈TV가 영혼을 잠식하다〉인데, 〈호모 비디오쿠스〉의 한 10년 후, 결혼을 한 남자가 TV를 보다가 TV

로 빨려 들어가는 얘기였어요. 그런데 부인이 남편을 찾으러 다니다가 출연한 프로그램이 '볼껴말껴'라는 프로그램이에요. 〈다세포 소녀〉에서 이태리가 '볼껴말껴'를 소개합니다. '볼껴말껴'라는 프로에 나온 이 여자가 말을 재밌게 해서 전국의 시청자들이 열광을 하게 됩니다. 그 당시에 가수 노사연의 언니인 노사봉이라는 사람이 있었어요. 그 사람처럼 주부인데, 갑자기 스타가 돼서 한동안 TV에 떴다가 사라지죠. 그런데 제 영화가 성사되지 않았어요. 그때의 기억을 일부러 끄집어낸 것은 아닌데, 벼락 스타가 됐다가 몰락하는 얘기를 좋아했던 것 같아요. 그래서 인터넷에서 떴다가 몰락하는 '흔들녀' 이야기를 집어넣었습니다. 실제로도 흔들녀가 영화 속의 내용과 똑같이 검색어 1위를 하면서 떴다가, 결국 된장녀로 마감을 했지요(웃음).

영화 안에서 주류 매체의 트렌드를 언급하는 것, 예를 들어 가난한 소녀가 앤소니한테 "우린 남매인 거야? 정말? TV드라마도 아니고?"라고 말하는 것을 보면, 감독님은 주류 매체의 재현 방식이나 트렌드에 대해 질려한다는 느낌을 받습니다.

드라마는 거의 안 봅니다. 그런 상투적인 것은 사실 몰입하지 않으면 재밌어요. 우습잖아요. 하나의 현상이고 과장된 것을 즐기면 그럴 수도 있는데, 사실 시간이 없어서 하고 싶지는 않습니다. 〈다세포 소녀〉의 경우는 상투적인 것을 비꼬는 상투적인 방식의 대사가 있는 거죠. 출생의 비밀 같은 얘기는 출생의 비밀을 비꼬면서 스스로 상투적인 말투로 하는 거죠.

> 감독님 영화의 남성 캐릭터들은 보통 우리가 접하는 남성 캐릭터와 다른 면모를 갖고 있는 것 같습니다. 여성 캐릭터들은 강해 보이는 면이 없잖아 있는 반면, 남성들은 힘이 없거나 유약하거나 혹은 매우 섬세하고 미묘한 느낌을 줍니다.

다른 영화의 남성 캐릭터와 다르게 보이는 점들은 있을 겁니다. 저 자신이 마초적이지는 않습니다. 제가 만든 캐릭터들을 꼭 애정이 있어서 그렇게 그려낸 것은 아닙니다. 〈희랍인 조르바 Zorba The Greek〉(마이클 카코야니스, 1964)에 등장하는 조르바 같은 사람도 멋있을 수가 있고, 〈길 La Strada〉(페데리코 펠리니, 1954)의 잠파노(안소니 퀸)도 멋있을 수가 있죠. 제가 그려낸 인물들은 애정이 있어서라기보다는 저 자신이 마초적인 부분들을 모르기 때문에 그릴 수 있는 캐릭터라고 할 수 있습니다.

전문 스태프의 필요성

> 〈순애보〉는 한일 합작이었는데, 한국과 일본의 제작 시스템에 차이가 있었나요.

〈순애보〉는 감독만 한 명이고, 모든 것이 두 집 살림이었습니다. 한국과 일본에 연출부와 조감독이 따로 있었습니다. 시스템의 차이점을 얘기하자면, 우리는 일도 열심히 하고 의욕도 넘치지만, 비효율적이거나 프로페셔널하지 못한 부분도 있는 것 같습니다. 연출부에서 한 작품 하면 조감독 되고 그 다음에는 감독도 될 수 있기 때문에, 숙련된 조감독이 없다고 할 수 있습니다. 〈스캔들〉의 경우, 제작비가 50억이 넘는 큰 작품이었는데, 〈로드무비〉(김인식, 2002)의 제2조감독으로 한 작품 경험했던 친구가 조감독을 했어요. 그 친구가 아무리 능력이 뛰어나고 열심히 해도 경험 부족으로 인한 누수 현상을 어쩔 수 없었지요. 분장도 한두 작품 하면 바로 팀장 돼서 자기 어시스턴트를 서너 명씩 데리고 나오기도 합니다. 그런데 일본에서 촬영할 때는 〈순애보〉 정도의 규모에서는 분장도 한 명, 의상도 한 명이었고, 조감독도 저보다 나이가 많은 전문 조감독이었죠. 그 사람은 일 년에 서너 작품을 하는데, 프로덕션 들어가기 한달 반이나 두 달 전에 붙어서 작업하고, 프로덕션만 끝나면 그 다음 작품을 하게 됩니다. 그러면 나머지 뒷정리는 회사의 제작실에서 맡게 되지요. 그런데 우리의 경우에는 조감독이 시나리오 쓸 때부터 붙어서 포스트프로덕션 끝날 때까지 하니까 1~2년이 넘게 됩니다. 우리도 일본에서처럼 조감독이 1년에 두세 작품만 할 수 있으면, 저임금에 시달리지 않고 조감독 일만으로도 생활할 수 있을 텐데, 그런 시스템이 안 되는 게 참 아쉽더군요. 우리 연출부의 막내는 영화를 처음 해보는 경우였고, 스크립터도 영화학교를 막 졸업한 여자 친구들이 했어요. 이 사람들은 사실 인턴이거든요. 돈을 주고 일을 시키는 것이 아니라, 사실 그냥 와서 배우는 거죠. 그런데 우리는 돈을 주면서 일 시키고, 그 사람들은 그것이 적어서 불만이죠. 일본 같은 경우는 프로페셔널하게 하니까, 작업도 **빠르게** 진행됩니다. 〈순애보〉의 스크립터는 영화만 80편, TV까지 하면 120편을 한 사람이에요. 임권택 감독님보다 작품을 더 많이 하신 분이 제 스크립터였어요. 옆에서 컷이 어떻게 붙으면 좋을지, 어느 정도 길이면 좋을지 조언하고, 나중에 장면을 다 찍고 나니까 "지금 현재 몇 분이 나왔는데, 감독님 스타일로 보면 몇 분 정도에 끊을 것 같다"고 하는데 딱 맞더군요. 이런 데서 효율적이고 합리적인 시스템이 세워질 텐데, 한국은 여전히 에너지가 넘쳐서 작품을 할 때마다 새로운 사람들이 들어옵니다. 제가 어시스트를 받아야 하는데, 정작 저는 가르치느라 시간을 보내게 됩니다. 대부분이 20대들로 스태프가 꾸려져 있죠. 그런 점들이 아쉽습니다. 현장 교육이나 재교육이 필요하고, 현장 시스템도 바뀌어야 할 필요가 있습니다.

'순애보'는 '순수한 사랑 이야기'라는 뜻이고, 영어 제목은 'All for Love'입니다. 왜 제목을 '순애보'로 붙였는지요.

영화에서 김민희가 한 것이 〈순애보〉가 아닐까? 야야의 친구는 미혼모인데, 엄마도 미혼모예요. 그런 것이 순애보가 아닐까? 혹시 영화가 끝난 다음에 '순애보'가 시작되지 않을까라는 고민 속에 붙였습니다.

카메라 뒤에서 기억되고 싶은 욕망

감독은 일종의 독재자적인 성향을 가지고 있어야 할 것 같습니다. 많은 대중을 상대로 자기가 하고 싶은 얘기를 설득력 있게 하려면 나름대로 철학도 중요하다고 생각합니다. 이재용 감독은 어떤 얘기를 하고 싶으신지, 그것이 왜 영화를 통해야 되는지, 대중들에게 하고 싶은 이야기는 무엇인지요?

세상을 한 가지로 볼 수 있는 것은 아니라는 생각을 일관되게 전해주고 싶어 하는 것 같습니다. 그 다음에 왜 영화여야 하는 가에 대해 말씀 드리자면, 제가 대중 앞에 나서거나 인구에 회자되는 것을 싫어하는데도 불구하고 제게는 어떤 욕망이 있는 것 같습니다. 기억되고, 주목받고 싶은 욕망이 이율배반적으로 있는 거죠. 누군가 나를 알아보면 숨으면서도, 그런 욕망이 동시에 존재하는 것 같습니다. 대학에 들어갔을 때 연극을 했습니다. 물론 영화 서클이 있었다면 거기에 들어갔을 텐데요. 연극을 하면서 개인적으로 개조 혹은 치료가 많이 되었습니다. 그전까지는 대중 앞에 전혀 나서지 못 하는 성격이었는데, 연극을 하면서 치료가 됐습니다. 소위 말하는 연극이 주는 매력들이 있잖아요. 현장성, 땀이 보이고 냄새가 느껴지는 그런 것. 그러다 보니 그 공간을 벗어나기가 쉽지 않은데, 영화는 내가 없이도 가능한 것 같아요. 이를테면 연극은 내가 들어가서 해야 하는데, 영화는 카메라 뒤에 있을 수 있잖아요. 영화라는 강력한 매체로 내가 드러나지만, 실제로 나는 카메라 앞에 서거나 직접적으로 나를 보여주거나 하지 않고 어두운 곳에 있을 수 있는 부분, 그래서 제 성격에 맞습니다.

> 이재용 감독님은 한국 영화사에 어떤 감독으로 남고 싶으신가요.

제가 판단하건대, 홍상수 감독은 자기 스타일만 계속하고 있습니다. 허진호 감독도 사랑 이야기를 하신다면서 계속 멜로 영화를 감독하고 있고요. 저는 한 가지 영화만 하고 싶다는 생각은 갖고 있지 않습니다. 뮤지컬도 해보고 싶고, 스릴러도 해보고 싶습니다. 저는 적당히 이것저것 다 한 감독이 되고 싶습니다. 영화 하실 분들이 많을 텐데, 영화만이 내 인생의 모든 것이고 자나깨나 영화만 생각하는 것은 아닌 것 같습니다. 욕먹지 않으면서 내가 할 수 있을 때까지 하는 것. 저는 큰 목표를 두고 있지는 않습니다. 가능하다면 경쟁 영화제에는 절대 나가고 싶지 않고, 심사위원도 하고 싶지 않습니다. 마지막 영화를 만들고 제 영화 전체를 봤을 때, 하나라도 꿰어지는 것이 있다면 좋겠습니다.

이혜란

〈우리들은 정의파다〉

이혜란

1996년 노동자영상사업단 '희망'의 멤버로 노동운동 미디어 제작에 참여하기 시작해서 다수의 다큐멘터리를 연출했다. 대표작으로는 현대자동차 구내 식당 여성 노동자 이야기인 〈평행선〉, 사내 부부 우선 해고 문제를 다룬 〈83인의 인질〉, 여성의 노동과 양육에 대한 〈선택은 없다 — 일과 양육〉 등이 있다. 현재 여성영상집단 '움'에서 활동하면서 여성 노동자들을 다큐멘터리를 통해 담아내고 있다.

〈우리들은 정의파다〉(2006)
〈선택은 없다 — 일과 양육〉(2003)
〈83인의 인질〉(2001)
〈평행선〉(2000)
〈칼바람 치는 공장 뜰에 희망의 꽃을〉(1998)
〈죽음의 공장〉(1996)

여성영화제에서 〈우리들은 정의파다〉를 상영했을 때의 열기는 뜨거웠다. 화면에 등장했던 동일방직 여성 노동자를 비롯해서 민주노총 산하 많은 노동자들이 객석을 가득 채웠고, 영화 상영이 끝나자 그들은 일반 관객과 함께 "노동자들이여, 대동투쟁하자"라는 구호를 심장이 터지게 외쳤다. 극장이란 공간이 몰래 숨어서 누군가를, 세계를 훔쳐보는 공간이 아니라 무언가를 함께 보고 무언가를 함께 행하는 공적인 공간으로 돌변했다. 같은 영화가 강의실에서 그것도 영화학과 학생들을 대상으로 상영되었을 때의 반응은 놀랍도록 달랐다. 공장 노동자의 현실은 미디어가 매개하는 매끈한 현실에 익숙한 눈에는 참 '볼 것 없었기' 때문이리라. 더 근본적인 원인은 물론 노동자에 대한 자본주의의 승리, 친기업적이고 반노동자적인 '이미지' 전쟁의 결과겠지만 말이다. 하여튼 동일한 영화는 그렇게 상영의 맥락에 따라 다른 의미와 효과를 내고 있었다.

　대담에서 주요 쟁점은 대립 구도와 일방 구도에 따른 다큐멘터리의 서사 전략에 관한 것이었다. 즉, 사측과 노동자측의 입장을 동시에 보여주는 것과 노동자측의 입장만을 보여주는 것 중 어느 것이 더 큰 설득 효과를 낼 수 있는가에 대한 것이었다. 대담의 마지막 부분에 가면, 감독 당사자보다도 질문자 및 토론자들끼리의 격렬한 의견 교환을 볼 수 있을 것이다. 〈우리들은 정의파다〉를 비롯한 액티비스트 영화가 일반 관객들과 소통하기 위해 어떤 서사 전략을 구축해야 하는가라는 질문을 던졌던 대담이었다.

역사에 대한 접근의 어려움

| 〈우리들은 정의파다〉를 만들게 된 동기에 대해서 먼저 듣고 싶습니다.

〈우리들은 정의파다〉(이하 〈정의파다〉)는 2004년부터 기획을 해서 2006년 4월에 완성을 한 작품입니다. 〈정의파다〉 이전부터 노동운동과 관련한 다큐멘터리들을 계속 작업했습니다. 그러다가 그 안에서 여성 노동자에 대한 작업을 시작하게 되었습니다. 그 당시 작품으로는 2000년도에 만든 〈평행선〉이 있습니다. 이 작품은 현대자동차 정리해고 당시에 식당에서 일하는 여성 노동자들을 집단 정리해고한 사건을 다룬 작품인데, 이를 시작으로 여성 노동자에 대한 다큐멘터리 작업을 계속 해왔습니다. 〈정의파다〉를 기획하게 된 동기는 이렇습니다. 다큐멘터리 작업을 하면서 현장에 있는 여성 노동자를 지속적으로 만나는데, 제가 여성이다 보니 노동운동 안에서 여성의 노동이라는 것에 대해서 그리고 노동 현장이나 일상에서 여성 노동자들의 노동 조건에 대해서 많은 이야기들을 해보고 싶었습니다.

그런데 작업을 하다 보니 여성 노동자의 역사들이라는 것이 과연 어떻게 기록되어 있을까를 생각하게 되었습니다. 그래서 제가 자료를 조사해 보았는데, 여성 노동자에 대한 기록은 거의 없더라고요. 1970년대 당시 한국의 경공업 중심의 산업 구조에서 80%가 넘는 노동자들이 여성이었음에도 불구하고, 그들이 그 당시에 어떤 삶을 살았고, 어떤 노동 조건 아래서 어떻게 자기 삶을 꾸려갔는지. 그런 여성 노동자들의 위치나 삶에 대한 기록이 거의 없더라고요. 그래서 그 이야기를 해보고 싶었습니다.

취재 과정에서 처음에는 1970년대 여성 노동자들 전반에 대한 것들로 접근하다가 동일방직 여성 노동자들을 만나게 되었습니다. 동일방직 여성 노동자들이 1978년에 해고되었는데, 지금도 복직 투쟁을 하고 있다는 사실을 2005년 초에 알게 되었습니다. 그래서 30년이 지났음에도 불구하고 이들은 왜 계속 복직 투쟁을 하는지, 이들에게 복직 투쟁의 의미는 무엇인지, 이런 고민들을 함께 하면서 동일방직 여성 노동자들의 이야기를 통해서 70년대 여성 노동자들의 이야기와 그들의 삶과 투쟁에 대해서 이야기를 하면 좋겠다는 생각을 했습니다. 그리고 그들의 이야기를 기록으로 남겼으면 좋겠다는 생각에서 한 2년 정도 걸려 〈정의파다〉를 만들게 되었습니다.

〈정의파다〉는 서울국제여성영화제를 시작으로 대만여성영화제, 부산국제영화제, 인권영화제, 인디다큐영화제 등에서 상영된 바 있습니다. 영화제에서 만난 관객들의 주된 반응이나 관객들이 많이 했던 질문과 그에 대한 감독의 대답은 어떤 게 있는지요.

일단 기본적인 질문들로, 작업을 하게 된 계기와 동기, 여성에 대한 다큐 작업을 하게 된 개인적인 계기, 그리고 현재 동일방직 복직 투쟁이 어떻게 진행되고 있나 등의 질문들이 나왔습니다. 그리고 인터뷰 다큐멘터리로 140분을 가지고 간 것에 대해 그렇게 구성하게 된 특별한 의미가 있는가 하는 질문들이 나오기도 했습니다. 관객 대상에 따라서 질문이 좀 다른 것도 있습니다. 여성 관객들, 특히 여성 노동자들이 질문을 할 때는 그때 당시에 여성들이 노조를 어떻게 조직하고 이끌어 갔는지에 대해 많이 질문했고, 남자들의 경우에는 그게 왜 여성 노동자의 역사만 되느냐, 그건 그냥 노동의 역사가 아닌가, 그리고 왜 노동운동의 시작을 1970년대 그때라고 생각하느냐, 그때가 시작이라고 한다면 민주 노조의 역사가 왜 그때라고 생각을 하느냐, 1987년 노동자 대투쟁 때부터 민주 노조의 역사가 시작된 것 아닌가 등의 질문을 많이 하셨습니다. 그리고 여성 노동자들의 경우에는 실제로 투쟁할 것이 굉장히 많고, 특히 여성들은 비정규직이 대다수인데, 비정규직의 투쟁 방법으로서 어떤 대안이 있느냐, 어떻게 싸우면 우리가 이길 수 있느냐 등을 주로 질문하셨습니다.

다큐멘터리를 보고 자주 나온 질문이 '감독의 대안은 무엇이냐'라는 것인데, 그에 대한 답은 어떻게 해주셨는지요. 그리고 관객이든 노동자든, 성차에 따라 질문에 차이가 좀 있었던 것 같습니다. 그에 대해서는 어떻게 답하셨는지요.

솔직히, 저는 영화를 보면 여성들의 투쟁과 성장 과정들이 쭉 보인다는 생각이 듭니다. 그리고 남성 노동자들의 차별, 관리자들의 차별, 전반적인 노동 조건 안에서 엄청난 차별이 있었던 것을 부인할 수 없는 한, 여성에 대한 차별은 명백한 것이라는 생각이 듭니다. 그런데 이것들을 뭉뚱그려 노동자에게 가해지는 자본가의 일반적인 차별이라고 해석을 하게 되면, 여성 노동자에게 가해지고 있는 어떤 특정한 차별 자체는 희석된다고 생각됩니다.

다큐멘터리를 찍으면서 물론 큰 그림은 그리겠지만, 다큐멘터리라는 게 각본이 없기 때문에 인터뷰 과정이라든지 취재를 하면서 다른 방향으로 포커스를 맞추거나 최종적으로 다른 길을 선택한 적은 없었는지, 그리고 애초의 큰 그림과 최종 결과물에 차이가 있다면 그것은 어떤 것인지 궁금합니다.

크게 달라진 건 없습니다. 왜냐하면 처음 구상을 할 때 기획 의도나 내가 생각했던 몇 가지 것들 외에는 구체적으로 그리지 않았거든요. 왜냐하면 당사자들이 어떻게 생각할지도 모르고, 또 그건 항상 바뀌기 때문이죠. 그래도 작업을 하면서 고민을 많이 한 지점이 있습니다. 영화를 보면, 80년대의 복직 투쟁이 나오고 그 이후에 현재 시점으로 넘어가는데, 그 부분을 어떻게 해야 될까 고민이 많이 되더군요. 과거에서 현재로 넘어오는 이 과정을 어떻게 처리할까 고민스러웠죠. 서로가 서로를 만나러 가는 과정을 통해서 현재를 보여주려고 하는 게 있었는데, 그게 내부적인 상황 때문에 촬영을 할 수 없었어요.

동일방직 노동자들이 1978년도에 해고되어 81년까지 4년 동안 복직 투쟁을 하는 과정이 나옵니다. 그 이후 이분들의 삶을 보여주는 방식을 결정하는 게 가장 많이 힘들었는데, 블랙 프레임으로 그 부분을 처리한 후 현재의 복직 투쟁으로 바로 넘어가는 방식을 썼습니다. 그 이후에 당사자 분들의 삶이 많이 달라지셨어요. 결혼하신 분들도 많습니다. 계속 활동을 하신 분들도 있고요. 그리고 블랙리스트 싸움이 있었어요. 블랙리스트가 동일방직에서 처음 만들어진 이후에 다른 사업장에도 쫙 뿌려졌거든요. 그래서 블랙리스트 싸움을 노동운동 안에서 시작했던 분들도 계시고, 농민운동하시는 분도 한 분 계십니다. 이처럼 다양한 삶을 살고 계시다 보니 너무 분산되어 있어서 통일성 있게 영화에 담을 수는 없겠다는 판단을 좀 했어요. 그이후에 이 블랙리스트에 올랐던 124명이 계속 함께 투쟁을 할수는 없었지만, 현실적인 복직 투쟁을 2000년도에 다시 시작한다는 의미, 즉 30년의 세월 동안 잊지 않았고, 언젠가는 다시 할것이며, 다시 시작했던 2000년이 단절이 아니라 현재성을 갖고있다는 것을 느낄 수 있게 넘어가고 싶었어요. 그것이 어떤 한개인의, 한두 명의 활동으로 보이는 것이 아니라 그들 전체의 활동이라는 느낌을 줄 수 있게 하고 싶었어요. 그런 집단적인 투쟁의 느낌들을 가져오고 싶어서 그렇게 배치를 했는데, 시간적인 틈을 채우는 그 부분들이 가장 고민이었던 것 같습니다.

인터뷰, 다큐멘터리의 중요한 양식

> 〈정의파다〉에서 인터뷰 장면들을 보면, 사람들이 대부분 반말을 할 뿐
> 아니라 아주 가까운 거리에서 인터뷰가 진행됩니다. 일부러 그렇게 한
> 건지, 아니면 인터뷰 형식을 통해서 다른 시도를 하려고 한 건지요.

인터뷰 장소나 호칭은 저희가 의도를 하거나 강제를 했던 분들은 전혀 없고, 그분들이 가장 편하신 공간(대부분 그분들 집)에서 이루어졌습니다. 그리고 호칭 같은 경우에는 그냥 편하게 말씀하신 분도 있고 저희들한테 높임말을 쓰신 분들도 있는데, 그것도 그분들이 말씀하시기 편한 방식으로 인터뷰를 진행했습니다.

인터뷰로 80% 넘게 진행되는 다큐멘터리에서 중요한 건 인터뷰하신 분들이 수다를 떨듯이 이야기를 하다가 서로가 서로를 불러주는 호명이었습니다. 인터뷰를 할 때나 나중에 편집을 할 때, 서로가 서로를 호명하는 방식으로 함께 맞물리게 하려는 의도를 가지고 있었던 부분들은 있어요. 실제로 그분들을 만났을 때, 예를 들어 '이런 사건이 벌어졌을 때 누구와 있었어요?'라고 묻는 게 아니라 사건에 대해 물어보면, 그 옆에 있는 사람과 그냥 말씀하시는 그런 것들을 뽑아냈죠. 예를 들면, "내가 그 사건이 벌어질 때 거기에 있었는데, 그때 정남이가…"라는 식으로 말씀하면, 정남이가 똑같이 또 "용자가 그때 나한테 그랬어"와 같은 식의 자연스러운 인터뷰들이 나왔습니다. 그래

서, 어떻게 보면, 처음 의도했던 것이 나중에 편집할 때 잘 맞아떨어진 부분들이 있었습니다. 인터뷰할 때, 배경이나 이런 부분들에 대해 크게 의도한 것은 없었습니다.

> 영화를 보면서 계속 마음이 끌리는 건 자매애인 것 같습니다. 여성들 간의 연대라든가 자매애라는 감정적인 것과 동일방직 여성 노동자의 역사를 기록하는 것 간의 균형을 어떻게 맞추셨는지요.

인터뷰 촬영분 자체는 많지 않았습니다. 솔직히 말씀드리면, 영화에 나온 인터뷰는 딱 한 번 한 겁니다. 열여섯 분을 인터뷰했는데, 딱 한 번 할 수 있는 상황과 시기가 있었어요. 그래서 인터뷰 촬영분이 많진 않았습니다. 그런데 인터뷰 촬영을 할 때, 인터뷰 과정에서 당사자들이 어떤 것들을 기억해 낼 때, 절대로 혼자로만 나오지 않는다는 것과 또 어떤 사건에 대해서 약속이나 한 듯이 똑같은 이야기를 한다는 걸 알았습니다. 자기 이야기만 할 것 같은데 다른 사람 이야기까지 함께 말씀해 주셔요. 그러면 이 사람도 똑같이 이야기를 하는 거예요. 그래서 나중에 인터뷰를 편집할 때 호흡이 맞았던 거죠. 사건을 함께 겪었던 당사자들이 당시에 가졌던 어떤 자매애나 공동체적인 삶과 정서들이 있었기 때문에 서로가 서로에게 느끼는 부분들이 그렇게 자연스럽게 공통된 집단적 기억으로 나타났다는 생각을 많이 했습니다.

그리고 그분들은 민주노조를 만들고 지켰다는 것에 의미 부여를 많이 하십니다. 그건 자기를 인간으로서 인정해 주거나 인식해 준 것은 옆에 있는 동지들이었고 노조였기 때문인 것 같습니다. 그분들이 그 험난한 투쟁에서 끝까지 저항할 수 있었던 것은 그것 때문이지 않았나 하는 생각을 많이 하게 됩니다. 그래서 개인에 대한 억압 속에서도 노조원으로서 성장하는 과정을 보여주고 싶었던 겁니다. 여성 개개인이 어떻게 싸우고, 투쟁을 유지하고, 서로 위로하면서 자기 삶을 살아왔는가를 생각해 볼 때, 이는 굉장히 여성적이고 공동체적인 방식이 있었기 때문에 가능했을 거라는 생각을 많이 합니다.

역사의 기록 자체가 개인의 감정 및 의식의 역사와 함께 발전하고 성장했다는 말씀인데, 그런 면에서 감독님은 굉장히 다행이라고 생각합니다. 요즘 극장에서 상영하는 다큐멘터리들을 보면, 의도적으로 상업 영화가 가지고 있는 어떤 드라마틱한 구조를 차용하고 있는 경우가 많거든요. 대중들에게 다가가기 위한 우회로서 요즘 독립 다큐멘터리에서 많이 쓰이는 구조라고도 여겨집니다.

제작 작업 방식 자체가 공동 제작 방식을 취한 걸로 알고 있습니다. 일 년 정도 이분들과 사귀는 시간이 있었고, 일 년 정도 지난 후에 공동 제작 방식을 취하셨는데, 여성 노동자나 여성을 표현할 때, 이 방식에 어떤 장점이 있고, 어떤 의미가 있는지를 묻고 싶습니다.

공동 제작 방식의 경우, 저희가 기획을 하던 초기에는 공동 제작 방식에 대한 구체적인 사례가 없었습니다. 2005년 3월에 만나서 9월 정도에 인터뷰를 시작했는데, 그사이에 공동 제작을 계속 제안했었습니다. 기획 단계뿐 아니라 그 이후의 단계, 나중에 배급까지 생각을 해서 제안했었는데, 그 당시에 그분들은 자신들이 할 수 있는 만큼 하겠다고 하셨죠. 그렇다고 제작비를 받은 건 아닙니다. 제작비는 서울국제여성영화제에서 여성 감독의 다큐멘터리에 지원해 주는 옥랑상 펀드나 영화진흥위원회 펀드를 통해 일부를 마련했고, 나머지는 저희 단체 안에서 자체적으로 마련했습니다.

공동 제작을 하면서 구성안에 대해서 검열이나 검수를 받는 시스템은 아니었습니다. 일단, 내용의 경우, 기존의 동일방직에 대해서나 70년대 여성 노동에 대해서는 글로 기록된 것들이 많이 있었습니다. 그에 대한 논문이나 책도 있었는데, 당사자 분들은 이것들에 대해서 전혀 신뢰하지 않으셨습니다. 이분들이 이전에 인터뷰를 굉장히 많이 하셨는데, 인터뷰 내용과 나중의 결과물이 완전히 달랐기 때문입니다. 자기들이 이야기하고 싶었던 것과 달리 기록자에 의해서 재구성되는 것들을 굉장히 마음에 안 들어 하셨습니다. 그러니까 감독인 내가 동일방직 사건을 바라보는 부분과 당사자 분들이 그 사건을 바라보는 부분을 절충하고 소통하는 것이 공동 제작에서 가장 중요했다고 말할 수 있습니다. 영화를 마치고 난 후에 공동 배급에 대해 그분들께 제안을 했어요. 만들어진 영화를 가지고 이후에 어떤 사람들과 어떻게 소통을 하느냐 또한 굉장히 중요하다고 생각해서 공동 배급을 해보자고 제안했고, 그분들이 지역 상영회나 기획 상영회 등을 조직했습니다. 아니면 영화제에서 〈정의파다〉가 상영된 후에 감독과의 대화 시간이 있으면, 감독보다도 당사자들이 최대한 관객들을 직접 만나도록 일정을 짰습니다. 공동 제작 방식은 경제적인 부분보다는 당사자들이 할 수 있는 것, 하고 싶은 것, 그리고 하고 싶은 만큼 수위를 조절하는 정도에서 이루어졌습니다.

한국에서는 다큐멘터리를 찍어도 영화제 외에는 상영할 데가 거의 없는 걸로 알고 있습니다. 영화를 만드는 것이 관객과 소통하기 위해서라면, 이 영화의 경우 이에 대해서 전혀 모르는 사람들한테도 알려주고 싶고, 그 시대를 산 사람이나 시대의 현실을 이해하고 싶은 사람들에게도 보여주고 싶으실 텐데, 다큐멘터리를 배급할 수 있는 제도에 대해서 생각해 본 적이 있는지요.

저는 다큐멘터리를 만들 때 관객보다는 우선 다큐멘터리의 대상을 생각하고 만듭니다. 〈정의파다〉의 경우, 동일방직 여성 노동자들이겠죠. 제가 담았던 다큐멘터리의 여성 노동자들이 영화제에 못 온다고 해도, 제가 찾아가는 방법이 있고, 또 여성 노동자회나 아니면 민주노총 같은 사업장에 가시 직접 상영을 제안하는 방식도 있는 것 같아요. 다큐멘터리를 만들 대상이 정해지고, 이 대상과 작업해 만든 이 영화를 가지고 관객과 만나서 이야기하고 싶은 게 분명하다면, 영화제뿐만 아니라 다양한 상영 방법이 있다고 생각합니다. 상영 네트워크의 경우는 한국독립영화협회도 있고, 지역적으로는 시네마테크 같은 것들도 있어서, 그런 데서 상영을 하면 된다고 생각합니다.

〈정의파다〉와 같은 액티비스트 다큐멘터리가 공공 영역에서 설 자리가 점점 더 사라지는 것이 더 큰 문제인 것 같습니다. 물론 대중들이 원하는 걸 만들겠다며 대중 영화감독을 지향하는 분도 있지만, 〈정의파다〉처럼 영화를 일종의 액티비즘으로 여기고 사회 참여, 사회 비판, 사회의 변화를 원하는 관점과 목소리를 담고 있는 영화를 지향하는 활동가 감독도 있지요. 이런 영화가 지속적으로 나올 수 있는 공공 영역의 확보와 출구 자체를 구축하는 게 급선무인 것 같습니다. 그렇지 않을 경우, 액티비즘 예술 혹은 사회 참여적 대중문화는 사라질 테니까요.

인터뷰의 내용을 보면, 적이라고 하는 명백한 타자를 설정하고 본인들의 이야기만을 한다는 느낌을 받습니다. 상황 설명과 같은 배경 지식은 사진 등을 통해서 조금 제시되지만, 좀 심하게 말하면, 굉장히 주관적인 다큐멘터리라는 생각이 드는데요.

저 또한 이 다큐멘터리가 지극히 주관적인 것이라고 생각합니다. 그런데 솔직히 역사라는 것들이 어떤 사람의 입장에서, 어떤 시각에서, 어떤 언어로 쓰여지느냐에 따라서 달라진다고 생각합니다. 마찬가지로 내가 어떤 사람의 입장에서, 어떤 시각에서, 어떤 경험들을 기록하느냐에 따라서 굉장히 다르다는 거죠. 영화에서 보면, 당사자들 외에는 다른 사람들이 전혀 나오지 않습니다. 예를 들면, 그때 같이 투쟁했던 도시산업선교회나 활동가들이 굉장히 많이 있고, 목사, 수녀, 신부들도 함께 활동한 분들이 많습니다. 또 여러분들이 계시지만, 솔직히 그분들의 목소리는 하나도 없거든요. 왜냐하면 당사자들의 언어로, 당사자들의 경험을 듣고 싶었기 때문입니다. 그래서 이 영화는 어떤 특정 사건 위주의 이야기를 중심으로 구성되어 있지 않습니다. 그리고 또 하나는, 인터뷰 당사자들을 보면, 당시에 어떤 위치에 있었는지는 다 빼고 이름밖에 나오지 않아요. 예를 들면, 그때 당시 지부장도 있었을 테고, 여성부장도 있었을 겁니다. 그런데 그런 것들을 넣지 않은 이유는, 그 안에서 어떤 지위로 그 사람을 판단하거나 그 사람이 이야기한 것이 지위라는 것 때문에 다르게 해석될 수도 있는데, 이런 것들이 별로 중요하지 않다고 생각했기 때문이죠.

〈정의파다〉에서는 주관적인 자기 언어를 찾아주고, 자기 언어로써 이야기할 수 있는 그런 조건들을 당사자들에게 주고 싶었습니다. 그렇기 때문에 어색하기도 하고, 듣는 분들은 불편할 수도 있지만, 그것이 당사자들의 살아 있는 언어라고 생각합니다.

> 여성 노동자들을 탄압했던 남성 노동자들도 있었을 것이고, 그분들의 이야기 중에 거론됐던 사람들도 많을 텐데, 혹시 고려해서 영화에 포함시킬 부분들이 있었는지, 아니면 아예 처음부터 배제하려고 하였는지

를 묻고 싶습니다.

〈정의파다〉는 어떤 사건을 설명하려고 인터뷰를 사용한 게 아닙니다. 영화에서의 여성들은 자신의 경험을 자기 삶에서 어떻게 가져가고 있는지에 대해 지금 상태에서 인터뷰를 하고 있습니다. 따라서 〈정의파다〉는 자기 삶을 어떻게 기억하고 있고, 어떻게 재해석하고 있고, 어떻게 남기고 싶은지에 대해 당사자들이 30년 동안의 자기 역사를 정리하는 그런 이야기라고 생각합니다. 저는 그 이야기를 듣고 싶었습니다. 목적이 그런 다큐멘터리이기 때문에 여기에다 '내가 똥물을 뿌렸던 그놈입니다'라는 인터뷰를 넣을 수는 없잖아요. '내가 지부장이 되려고 똥을 뿌렸어.' 이런 것도 들을 필요가 없고요. 그런 것들은 제가 처음부터 의도하지도 않았고, 제가 의도했다 하더라도 그 사람들로부터 들을 것도 없고, 그리고 인터뷰에 응해 주지도 않았을 겁니다.

〈정의파다〉가 한국 다큐멘터리에서 갖고 있는 역사적인 위치에 대해서 좀 정리를 해볼까 합니다. 현재 많은 독립 다큐멘터리는 피억압자들을 희생자로 놓는 전통적인 희생자의 전형성을 많이 극복하려고 노력하고 있는 것 같습니다. 그런 면에서, 〈정의파다〉의 경우, 노동자를 희생자의 이미지를 넘어 여전히 투쟁하고 있는 주체로 그려냄으로써 기존의 관습적인 희생자를 일단 탈피했다는 점에서 의의를 둘 수 있을 것 같습니다. 두 번째는 일반적인 방송 다큐멘터리와 비교해 보면 〈정의파다)가 구분되는 지점이 드러날 것 같습니다. 방송 다큐멘터리의 경우, 익명의 대중을 상대로 제작된 것이기 때문에 기본적으로 객관성, 사회적 합의, 균형 감각 등 방송 다큐멘터리가 갖추고 있어야 할 요소들이 있습니다. 찬성과 반대, 양쪽 입장을 다 대립시켜 놓고 무엇이 옳은지를 타협해 나가면서 사회적 동의와 합의를 끌어낼 수 있죠. 그게 방송 다큐멘터리가 추구하는 것이고, 어떤 면에서 저널리즘의 입장이라고 할 수 있겠죠. 그런데 독립 다큐멘터리의 경우, 객관성과 균형적 관점을 갖추려는 방송 다큐멘터리의 제도적 한계와 제작 방식을 벗어나서 그것이 할 수 없는 것, 그 안에서 보이지 않는 것을 드러내는 데에 '독립' 다큐멘터리의 의미가 있다고 여겨집니다. 어떤 식으로든 관점 혹은 입장을 가진 다큐멘터리를 독립 다큐멘터리라고 부를 경우, 한쪽만 듣는 편향성이나 주관성 등은 태생적으로 안고 갈 수밖에 없지 않나 하는 생각이 듭니다. 왜냐하면 보편적이고 일반적이고 사회적인 동의 아래 존재하는 것을 깨트리면 특수하고 주관적으로 보일 수밖에 없기 때문이죠. 이 영화는 동일방직 사건이라는 역사적 사실에 대해서 기존의 논의에서 감춰진 부분, 숨겨진 이야기, 사회적으로 담론화되지 않았던 관계, 다른 역사적 동력 등을 극단적으로 밀어붙여 드러낸 경우가 아닌가 싶습니다. 그렇기 때문에 보편적이고 일반적인 역사밖에 모르거나 그것만이 진실이라고 여긴다면, 이 다큐멘터리는 매우 편향적인 작품으로 여겨질 가능성이 있는 것 같습니다.

세 번째는 현재 한국 독립 다큐멘터리의 흐름이기도 한데, 과거의 독립 다큐멘터리에는 관찰적인 다큐멘터리가 많았습니다. 그러니까 감독 자신이 지금 어떤 관점, 어떤 세계관을 가지고, 어떤 사건과 어떤 주체를 조망하고 있는지를 철저하게 감춘 채 관찰하는 제삼자에 머물면서 현실을 드러내는 거죠. 이를 극복하기 위해 설명적 다큐멘터리에서는 신의 목소리를 관객들에게 강요한다든지, 관찰적 다큐멘터리에서는 아까 지적했던 것처럼 감독 자신의 입장이나 관점이 드러나지 않는 것을 극복하기 위해 1인칭 다큐멘터리가 굉장히 많이 등장하게 됩니다. 감독이 전면에 드러나는 1인칭 다큐멘터리로는 〈쇼킹 패밀리〉, 〈택시 블루스〉, 〈송환〉 등을 들 수 있습니다. 감독인 내가 사건이나 현상에 대해서 어떻게 보고 있고, 나의 입장, 나의 경험, 나의 관점은 어떻다는 것이 전면에 드러나는 다큐멘터리가 대세를 이루게 되는 거죠.

그런데 〈정의파다〉가 흥미로운 것은 '나'라고 끊임없이 이야기하는 누군가가 목소리를 통해서 나오는데, '나'는 보이지 않는다는 겁니다. '나'는 아마 동일방직에서 노동운동을 같이했던 누군가겠죠. '나'의 육체는 보이지 않지만 내레이션은 '나'라고 완전하게 동일시된 누군가, 아니면 그들 중에 하나가, 그런 고백하는 '나'가 그 안에 포함돼 있다는 거죠. 그래서 감독이 전면에 드러나는 것도 아니고, 그렇다고 철저하게 관찰도 아닌 '나'를 통해서 감독이 드러나는 양식을 취한다는 거죠. 그리고 이 영화의 네 번째 특징은 인터뷰 당사자들이 서로가 서로를 호명하면서 역사의 주체를 전면에 드러내는 방식에 있습니다. 이는 역사에 대한 객관적인 증언의 가치만이 아니라 그 역사를 움직였던 인간, 구조의 동력으로서 인간을 형상화시키고 있다는 데에 의의가 있을 것 같습니다. 인간 간의 유대와 연계성이 영화의 내러티브로 구축된 역사를 나아가게 하는 작용을 하고 있다는 거죠. 물론 그 속의 인간은 대단한 위인이나 영웅적인 인물이 아니라 평범한 어떤 인간들, 여성들, 공순이라고 하찮게 취급됐던 여성들입니다. 인터뷰 방식에 있어서 인터뷰 대상자들에게 통일성을 주는 호명하기 방식이 계속 지적되는데, 그것이 오히려 이 영화가 다른 독립 다큐멘터리 양식과 구별되는 지점이 아닌가 생각합니다.

액티비스트 다큐멘터리는 어디까지 주관적이어야 할까

역사를 쓰는 방식에 대한 이야기, 여성의 이야기에 대한 이야기를 했는데, 다큐멘터리를 보는 내내 드는 느낌은 결국 이분들의 최종 목적은 복직이고, 맨 마지막에도 이분들은 복직되어야 한다는 것으로 결론이 난다는 거죠. 복직을 절대 바라지 않는 회사 쪽 사람들을 좀 더 후벼 파면 훨씬 더 재밌고 강렬한 뭔가가 더 얻어지지 않았을까 하는 생각을 했습니다.

아니요. 그렇게 생각하지 않아요. 물론 돈의 문제도 있겠지만, 중요한 건, 어떻게 보면 이건 상징적인 투쟁이라고 생각합니다. 당사자 분들은 30년 넘게 투쟁을 해왔습니다. 만일 이 복직 투쟁에서 동일방직 여성 노동자들이 이긴다면 자본이 지는 거예요. 동일방직에서 복직하게 되면 다른 사업장들도 그걸 계기로 싸우게 되거든요. 예를 들어, 70년대 원풍노방이나 한일섬유도 그렇고, 농아특위 같은 곳도 다 싸우고 있는데, 이 싸움에서 회사가 지면 그 사람들을 다 복직시켜야 되는 거예요. 그런 사회적인 구조나 이데올로기가 다 녹아들어가 있는 거죠.

노동자 분들에게는 명예 회복이 가장 중요한 문제이긴 하지만, 기업의 입장에서는 돈 문제가 엄청난 문제라고 보거든요. 그런데 왜 그 문제는 거론되지 않을까라는 생각이 들더라고요.

영화에도 나오지만, 본사를 항의 방문하고 본사 앞에서 노숙 투쟁도 계속 하잖아요. 그런데 회사 측은 반응이 없습니다. 회사 측의 입장은 변하지 않아요. 그 사람들한테 카메라를 들이대도, 다른 책임자들을 만나도 똑같은 입장 이야기만 반복하기 때문에, 뭔가 다른 이야기라는 것이 있을지 솔직히 저는 잘 모르겠어요. 예를 들면, '내가 솔직히 복직을 너무 시켜주고 싶은데, 사실 돈이 없어 복직을 못 시켜주겠다. 미안하다.' 이런 얘기는 하지도 않겠지만, 그런 얘기를 듣자고 갈 필요도 없다는 거죠. 이를테면, 회사 측은 입장 자체가 너무 명확하다는 거예요.

질문이 이런 식으로 나오는 것 보니까, 마이클 무어의 다큐멘터리에 익숙한 사람들이 많은 것 같아요. 이를 테면, 동일방직 해고자들과 회사 관계자들 사이에, 마이클 무어처럼, 감독이 위치해 있어야 한다는 식의 접근 태도를 많이 바라는 것 같다는 거죠.

〈정의파다〉에서 조금 아쉬웠던 점은, 여성 노동자들이 억울한 일이 있었구나 하고 보았지만, 중간에 양심 선언했던 안기부 직원이나 반대 입장에 서 있던 분들, 그리고 제삼자들은 대충 다뤘다는 느낌이 들었던 점입니다. 그분들에 대해서 조금 더 세밀하게, 어차피 양심 선언을 했으니, 인터뷰 등으로 일대일로 보여주었으면 어땠을까 싶습니다. 실제로 역사가 이쪽 편이 맞다고 주관적으로 말을 해도, 과도한 주장이 아니라 맞는 주장이라고 설득시키기 위해서는 그 한 사람의 인터뷰 정도는 넣었으면 좋지 않았을까 생각합니다. 그런 객관적인 인터뷰를 통해 관객들을 더 감정적으로 끌어갈 수 있지 않았을까요.

이런 문제는 계속 나올 것 같습니다. 김동원 감독의 〈송환〉(2004) 같은 다큐멘터리가 생각납니다. 〈송환〉의 경우, 말 그대로 북한으로 송환되신 분들을 다룬 독립 다큐멘터리입니다. 말씀하신 입장이라면, 〈송환〉을 보고 '왜 납북된 사람들은 안 다루느냐? 똑같이 이렇게 당하고 있는데'라는 질문을 던질 것 같은데요. 〈정의파다〉는 말하려고 하는 목적 자체가 좀 다른 지점에 있지 않나 생각합니다.

사실, 박정희 정권의 경제 개발 시대에 노조를 탄압하고 노조원들을 빨갱이로 몰아가면서 역사를 그런 식으로 서술했다는 건 〈정의파다〉의 여성 노동자들이 이미 영화에서 말을 했다고 생각합니다. 양심 선언을 한 분도 굉장히 중요하긴 하지만, 그것은 동일방직 여성 노동자들이 지금에 와서 민주화운동 관련자로 인정받게 되는 것을 설명하기 위한 사회적 합의를 보여주는 것, 저는 그 정도라고 생각해요. 회사 측의 입장과, 막말로 이야기해서, 남자가 나오는 지점에 대해서는, 제가 이렇게 생각을 해도 될지 모르겠지만, '그 당시에 남성 노동자들 중에서 여성 노동자들을 도와준 사람 없냐? 한 명이라도 있을 것 아니냐. 그 사람들 이야기는 왜 안 담았냐?' 하는 식의 느낌이 드는 거죠. '거기에 분명히 그런 사람이 있었을 텐데, 왜 그 사람 이야기는 안 담았느냐?' 내지는 '124명 중에 남자 없어?' 하는 식의 느낌이 드는데, 왜 굳이 그 남자를 찾아내서 꼭 넣어야 할까요. 제가 하고 싶은 이야기는 그게 아닌데 말이죠.

계속 반복되는 말들이 어떤 면에서는 통하는 부분이 있는 것 같습니다. 역사 속에서 산 개인의 기억, 정말 거대한 공적인 역사에서 말하지 않거나 삭제됐던 부분을 개인의 기억 — 대항 기억이라고 하죠 — 을 통해서 재조망하는 것과 그 자체를 들춰내는 것 중에서 〈정의파다〉는 전자에 더 중점을 둔 영화가 아닌가라는 생각이 듭니다. 노동자의 정체성 형성과 연대가 개인의 기억들로 켜켜이 쌓이는 그런 과정을 집중해서 담아낸 다큐멘터리가 아닌가 싶습니다.

최하동하 / 김일권

〈택시 블루스〉

최하동하

1998년 경순 감독과 함께 제작사 '빨간눈사람'을 창립하고 독립 다큐멘터리를
제작하기 시작했다. 〈실연에 관한 짧은 필름〉을 시작으로, 경순 감독과 함께 〈민
들레〉와 〈애국자게임〉을 만들어 부산국제영화제 운파상 등 각종 영화제에서
수상하면서 독립 다큐멘터리 영화계에 존재감을 알렸다. 이어 단독 연출작으로
〈택시 블루스〉를 연출한다. 〈택시 블루스〉는 제31회 서울독립영화제 YES24상
을 비롯해서, 2006년 미국 시라큐스국제영화제 최우수 장편 다큐멘터리상 등
을 수상하고, 스위스 프리부르그국제영화제, 부산국제영화제 등 각종 국내외
영화제에서 상영, 숱한 논쟁을 불러일으킨 바 있다.

〈택시 블루스〉(2005)
〈애국자 게임〉(공동 연출: 경순, 2003)
〈민들레〉(공동 연출: 경순, 1999)
〈실연에 관한 짧은 필름〉(1999)

〈그녀 이야기〉를 시작으로, 단편 〈굿 로맨스〉(이송희일 감독), 다큐멘터리 〈택시 블루스〉와 〈안녕, 사요나라〉, 〈은하해방전선〉, 〈반두비〉 등 약 20편이 넘는 독립 영화에 프로듀서와 제작자로 참여하였다. 2007년 올해의 독립영화인상을 수상하며 중견 프로듀서로서 10년 넘게 독립 영화 현장을 지켜온 공로를 인정받았다. 현재 음악 영화 〈플레이〉를 제작 중에 있으며, 독립 다큐멘터리 영화 전문 배급사인 시네마 달의 대표로 있다.

제작
〈라싸에서 온 편지〉(2010, 이훈규 감독)
〈사자성어〉(2002, 이지상, 유상곤, 김정구, 이송희일 감독)

프로듀서
〈플레이〉(2011, 남다정 감독)
〈반두비〉(2009, 신동일 감독)
〈바다쪽으로, 한 뼘 더〉(2009, 최지영 감독)
〈시선1318: 청소년 드라마의 이해와 실제〉(2009, 윤성호 감독)
〈은하해방전선〉(2007, 윤성호 감독)
〈안녕, 사요나라〉(2005, 김태일, 가토 구니코 감독)
〈택시 블루스〉(2005, 최하동하 감독)
〈사자성어〉(2002)
〈굿 로맨스〉(2000, 이송희일 감독)
〈그녀 이야기〉(1999, 이지상 감독)

최하동하 감독은 배짱이 두둑한 외곬으로 보인다. 그래서 남들과 세상에 관심을 끊은 채 오직 자기가 하고 싶은 것만 하고, 자기가 찍고 싶은 것만 찍으려고 하는, 그래서 아무도 관심을 갖지 않는 '작가 영화' (?) 감독이라는 타이틀이 딱 맞을 것 같은 감독이다. 그러나 최하동하 감독이 찍고 싶어 하는 대상은 영화 카메라가 미처 가보지 못한 장소, 사람, 경험이라는 점에서 배반의 변증법이 성립한다. 감독이 자기가 찍고 싶어서 찍은 게 사실은 '우리'가 봐야만 했던, 고개 돌리지 말아야 했던 공동체의 그것이라는 점에서 말이다. 대담 당시만 해도 〈택시 블루스〉는 각종 영화제에서 상영되어 화제가 되고 있었지만, 여전히 감독이 관객에게 떠나보내지 못한 미완의 작품이자 미개봉작이었다. 그래서 〈택시 블루스〉는 국내보다는 오히려 미국 등에서 더 유명한 다큐멘터리였다. 대담 후, 2007년 말에 〈택시 블루스〉는 독립 영화 전용관이었던 인디스페이스에서 어렵게 개봉을 했다.

이후 〈워낭소리〉(이충렬, 2008)가 갑자기 출현하면서 흥행 돌풍을 일으켰다. 극장과 별 인연이 없어 보였던 독립 다큐멘터리계는 술렁였다. 당시 독립 다큐멘터리가 어떤 상황이었는가는 김일권 제작자가 말한 대담의 후반부를 보면 알 수 있다. 2011년 현재 독립 영화 진흥책 혹은 다양성 영화 정책은 여전히 출렁이고 있고, 한국 영화 전반의 초산업화로 인해 당시보다 더 악화된 상황이다. 2006년 말 당시 독립 영화감독과 제작자의 정세판단(?)과 독립 영화의 위상 그리고 이전과는 달라진 독립 영화 미학을 들을 수 있을 것이다.

〈택시 블루스〉를 시작하면서

이전 작품인 〈민들레〉와 〈애국자 게임〉은 경순 감독과 함께 작업하셨는데, 〈택시 블루스〉의 경우에는 혼자 작품을 하셨습니다. 2003년 8월에 최하동하 감독이 직접 택시기사 자격증을 획득하셔서 1년 동안 하루 12시간 노동을 하며, 하루 평균 250km를 뛰고, 25명의 승객을 태우고, 11만 5000원의 사납금을 회사에 납부하는 생활을 계속하면서 홀로 영화를 찍은 걸로 알고 있습니다. 촬영은 2004년 4월에 시작해서 2004년 9월에 마쳤고요. 다큐멘터리를 공동으로 연출하는 것과 혼자 하는 것 간의 장단점을 좀 말씀해 주시지요.

공동 연출이 쉬워서 한 게 아니고, 같이 작업을 하면 작품 숫자가 배가 될 것 같아서 작품을 많이 하려고 공동 연출을 하게 됐습니다. 〈민들레〉, 〈애국자 게임〉은 온전하게 두 사람의 공동 연출인데, 작품을 보면 두 사람의 성향이 함께 묻어 있는 것 같습니다. 가장 최선의 연출 방식은 느슨한 1인 연출 방식일 것 같습니다. 이를테면 '빨간눈사람'이라는 제작 집단을 함께 계속 유지하면서 기획이라든가 최종 촬영이 끝났을 때 상영회와 수정, 프리뷰까지는 같이 하지만, 작품에 대한 책임은 한 사람이 지는 방식이지요. 그게 일단 속 편하고, 작업하면서 뭔가 잘못됐을 때 책임 소재를 분명히 할 수 있다는 점에서 맞는 것 같습니다.

'빨간눈사람'이라는 독립 영화 제작 집단이 만들어지게 된 과정을 간략히 말씀드리면, 90년대 중반부터 제가 영화 공부를 하다가 배가 고파서 방송쪽 일에 손을 대기 시작했습니다. 그때 굉장히 씩씩한 작가(경순 감독)가 한 명 들어왔어요. 그분이 제가 퇴직할 때까지 저를 계속 쫓아다니더라고요. 제가 그 회사를 나오고 나서 IMF가 터져서 직장도 못 잡고 굉장히 힘들었어요. 그래서 둘이 영화에 대한 이야기를 하는 시간이 많아지게 되었고, 힘들수록 예전에 하고 싶었던 영화들이 많이 생각나서 의기투합을 해보자 이렇게 된 거죠. 이렇게 작가와 프로듀서로 만나서 만들게 된 거죠. 아무것도 없었기 때문에, 카메라 한 대는 필요하더라고요. 그래서 그 당시 제일 싼 파나소닉 3CCD 카메라 한 대를 120만 원 주고 샀는데, 그 카메라를 산 날 둘이서 '빨간눈사람'의 창립식을 하고 시작했습니다.

김일권 피디는 어떻게 〈택시 블루스〉 작업에 참여하게 되셨는지요. 그리고 단편 극영화에도 제작자로 참여를 하신 바 있는데, 제작자로서 다큐멘터리와 극영화의 차이는 없으셨는지요.

술자리에서 우연히 최하동하 감독을 만나 이러저러한 얘기를 함께 나누게 되었습니다. '택시 안에 마이크를 설치하니까 음향이 안 좋다. 이걸 어떻게 처리해야겠다. 카메라는 어디 가서 사면 좋겠다.' 이런 얘기를 서로 한 적이 있지요. 그런 후 〈택시 블루스〉의 기술 시사회 때 다시 만나서 최하동하 감독과 이야기를 하게 되었는데, 이전에 알았던 것과는 다르게 진지한 구석이 있다고 느꼈습니다. 그래서 같이 하게 됐습니다. 독립 영화의 현실을 알고 보니, 제작비 충당이 가장 중요한 문제더군요. 90%는 제작비 조달이 힘듭니다. 그래서 제작비 마련은 전적으로 책임을 지지는 못하겠지만 노력은 하겠다면서 같이 작업을 하게 됐습니다.

〈택시 블루스〉는 재연을 해야 하는 경우가 많았습니다. 그래서, 제가 극영화를 작업한 경험도 있어, 그게 도움이 되겠다는 생각도 좀 있었고요. 저는 다큐멘터리가 처음이라 좀 낯설었습니다. 극영화 같은 경우는 짜인 스케줄에 따라서 움직이는 반면, 다큐는 감독 개인 중심으로 일정이 진행되고, 우발적인 상황이 일어나면 그걸 담아서 영화에 어떤 시퀀스 하나로 뭉뚱그려 넣을 수도 있더군요. 저는 그런 게 오히려 재미있게 느껴졌습니다. 스태프는 저와 최하동하 감독, 촬영감독, 조연출, 이렇게 소수 정예로 작업을 했습니다. 1년 반에서 2년 정도를 버티며 일종의 생활 공동체를 이뤄 영화를 만들 수 있었던 게 이런 독립 다큐멘터리 영화의 장점이었던 것 같습니다.

저희는 이 영화를 극장 개봉을 목표로 시작했습니다. 그러나 아직 개봉관을 잡지는 못했습니다. 저희가 몇 군데 돌려봤는데 좋은 대답을 받지 못했고, 제작 지원도 작년에 냈었는데 안 됐습니다. 저희는 이 정도면 충분히 될 거라고 생각을 했는데 밀이죠. 그래서 다큐멘터리 독립 영화 쪽은 개봉을 하고 관객을 만나고 하는 과정 자체가 역시나 무척 힘들다는 생각을 합니다.

다큐멘터리를 만드는 감독들은 다큐멘터리가 가지고 있는 우발성이나 우연성과 즉흥성에 많은 매혹을 느끼는 것 같습니다. 다큐멘터리 감독인 킴 론지노토Kim Longinotto에게 "당신은 왜 다큐멘터리를 만드는가?"라고 질문했을 때, 그 감독은 "카메라가 돌아가고 있을 때 어떤 일이 벌어질지 모르는 그 우연성을 포착하는 게 매력적이기 때문"이라고 말한 바 있습니다. 스크립트가 없는 영화가 갖고 있는 자유로운 즉흥성 때문에 오늘날에도 다큐멘터리의 역사는 지속되고 있는 것 같습니다.

어디까지가 현실이고 어디까지가 영화인가

〈택시 블루스〉는 지난 1년 동안 각종 영화제에서 대단히 많이 상영되었는데, 그때 관객들에게서 가장 많이 나온 질문과 그에 대한 감독의 대답은 무엇이었는지요.

관객들이 가장 궁금해 하는 건 영화의 경계선, 즉 '어디까지가 진짜고, 어디까지가 가짜인가'였습니다. 그 외에 어떻게 찍었느냐, 승객들하고 어떤 커뮤니케이션을 가졌기에 승객들이 저렇게 다 보여줄 수 있느냐를 가장 많이 질문하셨습니다. 처음에 이런 반복되는 질문들에 대해서 신비감을 주기 위해서 일부러 얘기를 안 했는데, 개봉도 안 되고 하니 얘기할 수 있을 거 같아요. 저는 영화는 원래 속임수의 예술이라고 생각합니다. 관객들이 제 영화를 보고 한 번 속아 주는 것도 나쁘지 않다는 생각을 했죠.

구체적으로 말씀드리면, 카메라를 다섯 대 정도 택시에 설치했습니다. 카메라를 보여줄 것이냐 말 것이냐를 한동안 고민하다가 택시 안에 GPS를 달아놓는 정면 위치에다가 카메라를 고정시켰습니다. 나머지 카메라는 전후좌우에 각각 배치했습니다. 승객한테는 미리 카메라의 존재를 이야기했죠. 제가 그 카메라의 존재를 승객한테 천 번 정도 이야기하니까 일 년이 가더라고요. 영화 속에서는 승객들만 떠들고 저는 침묵을 지킨 것 같지만, 사실은 그분들보다 제가 수다를 더 많이 떨었어요. 그래야만 승객들의 이야기를 유도할 수 있거든요. 택시기사한테 전폭적인 신뢰를 보낼 수 있도록 그 한 평짜리 공간에서 분위기를 조성했던 거죠.

　굉장히 내밀하고 사적인 부분들을 이야기한 걸 영화에 사용하겠다고 했을 때 끝까지 동의해 주지 않으신 분들이 있었습니다. 나중에는 집까지 찾아가서 동의를 구했지만 동의를 얻지 못했죠. 그런 부분들은 배우들을 섭외해서 다시 찍었습니다.

　스태프들 전부가 아르바이트를 해서 약 200만 원 정도의 중고차를 사서 택시로 꾸몄고, 배우들을 태워 모자란 장면들을 대체하는 식으로 해서 없었던 장면들도 새로 창조할 수가 있었습니다. '굉장히 노골적이고 심하다'고 생각되는 승객의 이야기는 아마 배우의 연기 장면일 수도 있어요. 많은 부분들을 배우들이 직접 연기했습니다. 〈쇼킹 패밀리〉를 촬영했던 스태프들도 여러 명 출연시키는 등 주변 인물들을 많이 동원했죠.

정신병원에 가자고 했던 승객 장면 또한 재연인가요.

실제로 오밤중에 정신병원에 가자고 하시는 분들이 진짜 많았어요. 저는 그걸 사회에 대한 메타포로 읽었습니다. 청량리 정신병원밖에 몰랐던 제가, 서울 동서남북에 정신병원이 퍼져 있고, 서울 전체가 정신병원의 복도에 다름 아니라는 생각을 하게 되었습니다. 그래서 그 부분을 설정하고, 배우를 고용해 재연했죠.

성매매 하는 아주머니 장면 또한 재연으로 보이던데, 그분 초상권 동의는 받은 건가요.

밤에 분당이나 성남까지 갔다가 서울로 다시 돌아올 때, 천호대로를 통해서 가락동 농수산물시장 쪽으로 올라오면 빠릅니다. 그 길에 그분들이 계세요. 웬만한 택시기사들은 그분들이 그곳에 있다는 것을 압니다. 처음에 아주머니들이 택시를 잡길래 저는 손님인 줄 알고 다가갔었죠. 영화 제작비를 마련하려고 기관에 제출할 영화 구성안을 처음 작성할 때에도 그 아주머니를 넣었어요. 영화에 출연한 그 아주머니는 저하고도 막역한 관계입니다. 물론 초상권 동의서를 받고 아주머니를 영화에 출현시켰습니다.

남편에게 매 맞고 택시를 탄 여자 승객, 택시에 타서 성형 이야기를 나누던 두 여자 승객이 나오는 장면, 동전을 던지면서 펼쳐진 심야의 택시 레이스 장면 또한 재연으로 보입니다.

예, 택시 회사에서 아주 친했던 형인데, 그분이 한 성깔 합니다. 그리고 제가 택시를 운전하면서 실제로 그렇게 동전에 맞아본 적이 있습니다. 그런데 제가 생각한 것보다 더 심하게 하셨어요.

최하동하 감독이 인터뷰 때 "이건 다큐가 아니라 극영화다"라고 말한 게 바로 이런 재연 장면들 때문인 것 같아요. 그렇다면 〈택시 블루스〉는 다큐멘터리를 가장한 극영화, 즉 모큐멘터리mockumentary에 포함되는 영화라고 할 수 있는지요.

사실 경계를 짓기는 참 어렵다고 생각합니다. 다큐멘터리와 픽션을 갈라서 생각하는 순간, 영화에 대한 상상력은 좁아지고 재미는 없어지죠. 그럼에도 불구하고 그 둘을 갈라놔야 한다고 다들 이야기를 하더라고요. 관객이나 영화제 관계자들 다 그런 이야기를 하고, 또 그렇게 해야만 상업적으로 어필한다고 하더라고요. 영화를 완성하는 과정에서 저는 내 영화가 '재연이다, 연출이다, 픽션이다,' 이런 거를 아예 생각하지 않으려고 했습니다. 특히 〈택시 블루스〉를 만들 때는요. 지금 딱히 표현할 단어가 없기 때문에 재연이라는 단어를 쓰는데, 재연 방식은 승객들과 저를 실제로 찍어 나가면서 만드는 어려움 때문에 우연하게 선택한 제작 방식이었습니다. 〈택시 블루스〉가 재미를 위해서 혹은 일부러 영화 형식을 비틀어 보려는 의도를 가지고 재연 방식을 선택했던 것은 아닙니다.

> 연출을 했다고 말을 하지 않았으면 어땠을까 하는 생각이 듭니다. 어떤 심리적인 압박이 있었는지 궁금하네요. 또 하나는 편집을 여덟 번에 걸쳐 하셨다고 들었는데요, 비디오 작품의 경우 속성상 영화와는 달리 계속 업그레이드시킬 수 있는 부분이 있는데, 이런 경우에 감독님은 주로 어떤 형태로 업그레이드를 하는지 궁금합니다.

연출했다는 사실은 어느 시점에서는 알려야 합니다. 미국 영화 중 〈블레어 윗치 *The Blair Witch Project*〉(다니엘 미릭 · 에두아르도 산체스, 1999)라는 영화가 있습니다. 대학생들이 산에서 실종돼 죽는 공포 영화입니다. 그 영화는 개봉을 한 후에 가공된 이야기를 다큐멘터리처럼 만든 거라고 밝혔습니다. 한편 〈택시 블루스〉는 사람들이 기본적으로 다큐멘터리라고 생각을 했기 때문에, 저로서는 연출했다는 사실을 알려야 하고 그게 중요하다고 생각했습니다. 심지어 그것으로 인해 심리적 압박을 느꼈던 적도 있었습니다.

편집 이야기를 하자면, 시사회 때 반응을 보고 손을 보는 건 위험합니다. 제가 마지막 편집을 미루고 있는 건 하나만 빼도 전체가 흔들리고, 그에 따라 매치를 시켜야 하기 때문이에요. 누군가 객관적으로 새로운 아이디어를 주면서 저 대신에 편집할 수 있는 편집자가 따로 있었으면 좋겠어요. 지금까지 한 번도 그렇게 해본 적은 없지만, 처음에 김일권 피디가 제안을 하기는 했어요. 편집자를 따로 두는 게 어떻겠느냐고요. 하지만 그냥 속 편하게 혼자 하는 게 낫겠다 싶어 지금도 혼자 하고 있습니다. 만일 조금 더 업그레이드된 제작 환경이라면, 편집자가 따로 있는 게 좋다고 생각합니다. 감독은 말만 하고, 그 사람의 상상력을 더 뽑아낼 수 있겠지요. 아마 그러면 좀 다르게 나왔겠지요.

> 다큐멘터리의 형식을 취한 것이 날것 그대로의 느낌을 주는데, 그게 익숙하기 때문에 당연하다고 생각한 건지요.

물론 〈택시 블루스〉를 애초부터 제가 시나리오를 써서 모두 연출해서 찍을 수도 있었겠죠. 그런데 현장에서 구상했던 내용이 상황에 따라 자꾸 변하게 되었죠. 그걸 저는 용납을 못했습니다. 강철 콘티에 반드시 따라야 한다고 생각을 했던 거죠. 그런데 비디오카메라를 들게 되고 많은 분량을 촬영하다 보니까, 새로운 영화 양식의 가능성을 알게 된 거죠. 계속 바뀌 나가는 게 영화의 진짜 재미인 걸 알게 된 거예요. 어떤 소재를 택하더라도 현실에 실제로 존재하는 그런 피사체와 사물들을 기기고 가공을 하려고 했지, 세팅된 장소에서 배우들과 이렇게 작업해서 할 생각은 떠오르지 않았습니다. 〈택시 블루스〉도 그런 작업 방식을 너무 당연하게 여기면서 한 작품입니다. 계속 이렇게 해야지만 영화에 대한 충족감도 들고, 일상생활에서 살아 펄떡거리는 순간을 포착해서 영화에 넣는 재미를 느낄 수 있겠더라고요.

90분에서 120분의 상영 시간을 가진 다큐멘터리를 찍는다면, 평균적으로 60분짜리 DV 테이프를 60~70개 정도 소모합니다. 그래서 그 어마어마하게 많은 촬영 분량을 90분에서 120분 정도로 줄이는 후반 작업이 필요합니다. 〈택시 블루스〉를 만드실 때, 촬영분의 삭제와 삽입의 균형을 어떻게 맞추셨는지요. 어떤 일관된 극적 흐름들이 있는 것 같은데요.

일단 센 장면을 선호했습니다. 그래서 이 영화가 선정적이라는 말을 많이 듣기도 합니다. 〈택시 블루스〉를 찍게 된 계기는, 밤의 세상은 이렇게 돌아가는구나, 밤의 남자들의 활동 공간은 이렇구나 하는 것을 직접 몸으로 접하면서, '참 질퍽하고, 나도 참 비루하다' 는 느낌이 들었기 때문입니다. 그리고 이걸 혼자 느끼기에는 아깝다는 생각도 들었습니다. 그런 느낌들을 최대한 많이 보여준 승객의 에피소드를 선별했지요. 그런 다음, 반복되는 사람들, 예를 들어 술 취한 사람들을 적당하게 배치해서 나름대로 많은 승객들의 흐름을 가져가려고 했습니다.

앞에서 킴 론지노토 감독이 다큐를 하는 이유에 대해서 이야기를 하셨는데, 카메라가 돌아갈 때 우연히 담겨진 장면은 정말 재미있습니다. 촬영을 할 때, 이건 꼭 사용할 거라고 100% 장담하는 장면들이 있습니다. 반면에 전혀 쓸 필요가 없다고 생각하는 장면들이 있습니다. 그런데 마지막 편집 과정에서 꼭 배반하는 장면들이 나옵니다. 꼭 쓸 거라고 생각했지만 쓸 수 없는 장면이 구성이나 흐름상의 이유로 인해 발생하죠. 어디에도 들어가기가 힘든 그런 장면이요. 정말 아무것도 아닌 장면인데, 설정된 흐름 때문에 들어와야 하는 장면이 있고요. 그런 것들이 큰 재료인 것 같아요. 그렇지만 최종까지는 촬영한 테이프가 몇 백 개여도 다 가지고 있어야 하는 거죠. 가능성을 열어두어야 하기 때문입니다. 그렇기 때문에 다큐멘터리에서 편집은 굉장히 중요한 단계라고 할 수 있습니다.

제가 갖고 있는 〈택시 블루스〉의 마스터 테이프에는 7차 편집본이라고 쓰여 있습니다. 7번 정도를 그렇게 뒤바꾼 거죠. 스태프들 하고 계속 보면서 7번을 수정했는데, 아직 한 번 더 해야 합니다. 8차 편집본을 완성해야지 제가 마음이 좀 놓일 것 같아서요. 그게 약 200개의 촬영분을 이 정도로 줄인 것입니다.

영화는 감독이 택시기사를 하면서 승객들의 말을 계속 들어주고 그들의 행동에 반응하는 것이 주를 이루고 있습니다. 지나치게 수동적인 관찰자적 입장을 영화 내내 견지하고 있었던 특별한 이유가 있는지요.

영화는 결과적으로 감독이 개입하지 않으면 안 되는 매체죠. 원래는 제 얼굴이나 제 일상의 모습을 넣지 않고 오로지 내 손님들을 빌어서 서울의 얘기를 온전하게 담아야겠다는 생각에서 출발을 했습니다. 그런데 만들다 보니 저의 주관적인 감정이 실리지 않고는, 즉 저를 보여주면서 얘기하지 않고는 100분의 상영 시간을 지속시키는 것이 무리일 거라는 생각이 들었습니다. 그래서 3~4차 편집 정도에서 내가 맡은 택시기사를 주인공화 시켜야 하는가 말아야 하는가를 결정해야 했습니다. 결국 주인공을 해야겠다고 결정을 했고요. 그래서 처음과 달리 저의 부분들을 많이 넣게 됐죠. 그렇다 보니 저는 제가 생각했던 것보다 택시기사의 주관적인 감정에 더 충실해져 오히려 과도하지 않았나 싶은 생각이 듭니다.

저 역시 승객들과 다르지 않다는 설정은 분명히 필요하다고 생각했어요. 저만 유일하게 거리를 둔 채 관찰을 하는 것은 떳떳하지 않다고 생각했지요. 서울의 비루한 삶들을 얘기할 때, 나 혼자만 동떨어져 있으면, 영화는 절반의 힘을 잃는다고 생각했습니다. 그래서 저 역시 고시원에서 감시당하고, 경찰서에서 감시당하고, 성매매라는 아주 일상적인 남성들의 선택을 똑같이 반복하는 그런 모습들을 보여줘야 된다고 생각한 거죠.

택시기사인 주인공이 전반부에는 관찰하는 다큐멘터리의 위치를 점하고 있다가, 후반부에는 거의 재연 배우가 되는 것 같습니다. 일종의 지식인이라면 지식인이라고 할 수 있는 다큐멘터리 감독은 택시기사와는 계급에서 차이가 난다고 할 수 있는데, 택시기사의 계급성을 점유하기 위해서 혹은 그 사람들하고 동등해지기 위해서, 노동 계급의 비루함, 암울함, 어두움을 표현하기 위해서, 감독 자신이 성매매를 하거나 폭력적인 본능을 드러내는 장면을 삽입하지 않았나 하는 생각을 합니다.

사실, 그렇다고도 할 수 있겠네요. 제가 몇몇 장치들로 저의 계급성을 무화시키면서, 그걸 작품에서 적절히 이용하고 있는 것은 맞는 것 같습니다(웃음). 지금까지 다큐멘터리 감독은 선한 인물로 분해서 정의롭고, 사회의 불의에 대항하고, 피사체들과 굉장히 밀접한 관계를 맺으면서도 우위를 점해 왔다고 생각합니다. 그런데 저는 다큐멘터리가 갖고 있는 가장 큰 윤리성은 만든 영화를 대상이 되었던 사람들한테 보여주는 것이라고 생각합니다. 그걸 못하는 사람이 꽤 많거든요. 그래서 실제 인물과 사건을 다룰 때, 그 사람들을 위해서 내가 영화를 찍고 있다는 말은 절대로 하지 말아야 한다고 생각합니다. 저는 카메라에 찍히는 대상 중 하나로 저를 놓는 방식의 다큐멘터리 작업을 계속 해야 되지 않을까, 이게 숙명이 아닐까라는 생각을 합니다.

택시 블루스 혹은 서울 묵시론

영화에는 전반적으로 살인, 자살, 죽음이라는 세 가지가 깔려 있는 것 같습니다. 그것이 감독님이 바라보는 한국 사회라고 생각해도 되는지요.

메트로폴리탄 도시 서울이라는 좁은 공간 안에서 사람들은 실험실의 모르모트들 같다는 느낌을 받습니다. 모르모트처럼 실험실의 유리 상자 안에 갇혀서 살아가고 있다는 거죠. 그 안에서 서로를 할퀴고 상처를 주고받으면서 산다는 거죠. 밤에 택시 타서 울다가 내리는 여자 분들이 꽤 있어요. 그때 마침 유영철이 저지른 연쇄 살인 사건(2003년 9월부터 2004년 7월까지 유영철이 연쇄적으로 21명을 살해한 사건)이 터졌습니다. 유영철이 저지른 사건들 대부분이 저희 택시 회사와 가까운 데에서 벌어졌습니다. 제가 밤낮으로 오가던 그 거리에서 벌어진 죽음들을 생각하면서 영화가 점점 더 그쪽 방향으로 간 것도 있습니다.

> 그렇다면 감독님이 생각하시는 '서울'이라는 곳은 어떤 곳인가요? 〈택시 블루스〉라는 영화는 온통 그런 일탈로 가득하다는 생각이 들어서 편향적인 시선으로 서울을 바라본다는 느낌이 들었습니다.

영화는 그래야 된다고 생각합니다. 영화는 편향적이어야만 좋은 영화로 남을 수 있다고 생각합니다. 여러분이 감동을 받으시는 영화는 편향적인 얘기와 편향적인 소재로 구성되어 있다고 생각합니다. 예를 들어, 〈송환〉(김동원, 2004)을 보셨다면 아시겠지만, 그 작품은 편향적인 부분들만 편집을 한 겁니다. 제가 만들었던 〈민들레〉라는 영화를 예로 들면, 죽도록 고생하고 마음 아픈 그런 사연의 주인공이지만, 그런 분들이 삶에서 투쟁하고, 서로 아파하고 다독거려 주거나 그렇지는 않거든요. 우리의 삶은 굉장히 많은 사건들의 퍼즐 같지만, 영화에서 그 퍼즐을 자신의 편향된 시선으로 꿰맞추는 건 감독이라고 생각합니다.

그리고 영화에 술 취한 사람들이 많다는 생각은 못했습니다.

그런데 관객들이 왜 택시에 탄 승객들은 모두 다 취해 있냐고 질문을 하더군요. 저는 택시 안에서 일상적으로 봐 온 모습이라 습관화되어서 그런지 그것이 술 취한 것처럼 안 보였던 거죠. 제가 태웠던 밤 승객들을 있는 그대로 온전히 담아낸 것입니다. 과장했다거나 그렇지는 않습니다. 밤에 타는 승객들의 80~90% 는 모두 마늘 냄새와 술 냄새를 풍기며 택시에 타니까요.

> 전체 이미지로만 봐서는 서울의 역사적 시기를 알 수 없습니다. 그런데 영화에서 나오는 사운드에는 영화가 만들어지던 2004년에 일어난 시사적인 얘기가 나오고, 죽음이라든가 여러 가지 범죄 사건들이 나옵니다. 그리고 이로 인해서 영화를 찍은 때가 언제라는 걸 알 수 있습니다. 그 시기를 반드시 알려줄 필요가 있었는지요.

사운드는 충분히 의도를 갖고 사용했습니다. 노무현 대통령 탄핵 소추 사건(2004년 3월 12일 제16대 국회에 의해 노무현 대통령의 탄핵 소추안이 통과된 사건. 2004년 5월 14일 헌법재판소가 탄핵 심판에서 기각 결정을 내려 노무현 대통령은 업무에 복귀했다)을 알리는 라디오 사운드는 해외 토픽감이어서 해외영화제용으로 배치를 했습니다(웃음). 시대를 관통할 수 있는 보편적인 사건을 사운드에 담자는 생각을 했습니다. 그리고 특히 밤에 듣는 라디오 사운드들, 예를 들어 정은임 아나운서(심야 영화 음악 프로그램을 진행한 MBC 아나운서로, 2004년 8월 4일 자동차 사고로 사망)의 라디오 방송도 관객이 기대하는 다큐멘터리의 요소들을 충족시켜 주고

싶은 마음에서 담았습니다. 인터뷰나 감정을 자극하는 음악이
아닌 영화가 찍힌 당대를 나타내는 사운드를 담고 싶었습니다.

극장에서 독립 영화를 만나는 날

> 김일권 제작자님께 질문 드리겠습니다. 〈택시 블루스〉가 지금 개봉을
> 못하고 있는데, 법적 또는 정책적, 제도적 장치가 부족해서 그런 건지,
> 아니면 다큐멘터리는 원래 흥행이 안 되는 장르이기 때문에 그런 건지
> 요. 산업 정책적으로 한국 독립 영화 전반에 어떤 것이 더 필요한 건지
> 조언을 해주시길 바랍니다.

독립 영화 중 극장에서 개봉한 장편 독립 영화만 국한시켜서
얘기를 하겠습니다. 류승완 감독의 〈죽거나 혹은 나쁘거나〉
(2000)는 두 달 넘게 극장에서 개봉을 했는데, 10만 2천 명에서
3천 명의 관객이 집계된 걸로 알고 있습니다. 이 기록은 아직까
지 독립 영화 쪽의 최대 관객 동원 기록으로 남아 있습니다. 그
이전에 개봉한 독립 영화들은, 지금 제목이 기억나지 않지만,
삼천 명에서 오천 명 정도 들었던 걸로 알고 있습니다. 그때만
하더라도 1년에 한 편이나 두 편 정도의 독립 영화가 극장에서
개봉을 했던 걸로 기억해요.

　그 후 2002년부터 디지털 영화들이 많이 만들어지면서 1년에
서너 편씩 극장에서 독립 영화를 개봉했습니다. 〈대학로에서
토막 살해 당한 여고생이 아직도 대학로에 있다〉(남기웅, 2000)

가 그 예이죠. 이 영화들은 3천에서 4천 명 정도의 관객이 들었습니다. 그때만 해도 부가판권 시장이 살아 있어 독립 영화들은 비디오로 다 출시가 됐었죠. 그리고 지난 1~2년 사이에 다큐멘터리 영화를 포함한 독립 영화는 연평균 30편 미만이 제작되고 있습니다. 2004~5년에 걸쳐 약 열두 편의 독립 영화가 개봉되었는데, 아마 그때가 독립 영화를 제일 많이 개봉한 때일 겁니다. 그때는 영화진흥위원회의 제작 지원 프로그램을 통해서 독립 영화가 개봉되었는데, 그중 가장 성적이 좋았던 것이 〈송환〉이었습니다. 〈송환〉은 2만 3천 명 정도의 관객을 동원했죠. 그 다음에 〈영매 — 산자와 죽은자의 화해〉(박기복, 2003)가 1만 7천 명에서 2만 명 정도였습니다. 〈용서받지 못한 자〉(윤종빈, 2005)가 만 명 약간 넘었고, 노동석 감독의 〈마이 제네레이션〉(2004)이 3천 8백 명 정도였습니다.

2004~6년 동안 매해 한 10편 정도의 독립 영화가 개봉을 했는데요, 평균적으로 3천 명 정도 관객이 듭니다. 1천 명 넘으면 굉장히 기뻐하죠. 독립 영화 내부에서는 관객 만 명을 넘는 게 꿈이에요. 상영 극장 수를 보면, 좀 많으면 6개의 극장을 잡고, 적으면 단관 개봉을 합니다. 전국 아트플러스 체인까지 해서 〈송환〉이 다 합쳐서 12~13개 극장에서 개봉을 한 적이 있었지만, 잠깐 그랬던 거죠. 시작할 때는 6~7개였다가 1~2주 넘으면 다시 극장이 줄어듭니다. 극장 규모는 객석이 보통 200석 미만이고, 100석 미만 극장들도 있습니다. 평균 한 120~130석 정도 생각하시면 될 거예요. 평균 좌석 점유율은, 흥행에 따라 틀리지

만, 20~50% 정도로 보시면 됩니다. 또 개봉한 지 5일 만에 내린 영화도 많고요. 개봉 첫날만 틀고 그 다음 주부터는 교차 상영한다든가 아침 10시 30분 조조 타임에 한 번 상영하거나 아니면 아주 늦은 밤 시간에 한 번 상영하는 경우가 많습니다.

지금 〈후회하지 않아〉(이송희일, 2006)가 지난주에 3만 명을 넘은 걸로 알고 있습니다. 기록들을 다 갈아 치우고 있는데, '최단기간 1만 명 돌파, 좌석 점유율 1위, 예매 사이트에서 1위, 검색어 1위' 이렇게요. 이 영화는 현재 여섯 개 극장 정도에서 개봉하고 있는데, 문제는 이번 주부터 내리기 시작한 극장이 있다는 거죠. 좌석 점유율도 굉장히 높고 매진도 되고 있는데, 다른 영화들 때문에 극장에서 내려야 할 상황을 맞이한 거죠.

그런 상황에서 제작비 회수율을 보면, 10만 명 정도가 들면 제작사 쪽에 3억 정도가 떨어집니다. 만 명이 되면 3,000만 원 정도가 떨어지는 거죠. 1,000명이 들면 300만 원이 떨어지는 거고요. 영화진흥위원회에서 상영 배급 지원을 받아서 배급을 하면 다행이지만, 그렇지 못하면 배급 비용이 더 들 때가 많죠. 〈택시 블루스〉의 경우, 정확하진 않습니다만, 제작비가 4,500만 원 정도입니다. 그런데 여기에 인건비는 포함되어 있지 않습니다. 3년 동안의 최하동하 감독의 인건비와 1년 반에서 2년 정도 일한 스태프들의 인건비는 다 빠져 있는 상태입니다. 다큐멘터리의 경우, 평균 제작비는 적게는 실비용이 2~3,000만 원 들고, 인건비까지 포함한다면 이래저래 5천에서 1억 원 사이입니다. 〈안녕, 사요나라〉 같은 다큐멘터리는 제작비가 1억 5천만 원 정도

들었습니다. 한국과 일본이 공동 제작을 했고, 중국과 일본에서의 해외 촬영비와 단기간이지만 많은 스태프들의 실제 인건비도 지불을 한 영화였죠. 그런데 이 영화가 개봉을 해서 1천 명을 못 넘겼어요. 제작비 회수가 전혀 안 되는 거죠. 다른 다큐멘터리의 경우도 마찬가집니다. 국내에서 개봉된 다큐멘터리의 경우, 〈영매〉, 〈송환〉, 〈사이에서〉(이창재, 2006), 〈고추말리기〉(장희선, 1999), 〈엄마〉(류미례, 2004)를 들 수 있습니다. 〈고추말리기〉가 3천 명 정도 들었던 걸로 기억하고 있고, 〈엄마〉는 집계가 안 되었지만, 5천 명 미만일 거고요, 〈사이에서〉가 한 3만 명 정도 될 겁니다. 얼마 전에 〈송환〉의 기록을 깼다고 했으니까, 3만 명 정도 되겠죠.

이런 상황에서 제작비를 회수한다는 것은 힘듭니다. 〈후회하지 않아〉의 경우는 제작비가 1억이 들었는데, 지금 3만 명을 넘었습니다. 그리고 포르테시모Fortessimo라는 훌륭한 해외 배급사에 팔려서 월드 세일즈에 들어갔고요. 그 영화는 사전에 케이블 판권을 팔아 제작비를 만회한 거여서 지금은 돈을 좀 벌고 있다고 봐야죠. 〈후회하지 않아〉의 경우, 스태프들이 다 인센티브가 있는데, 스태프들은 일괄적으로 50만 원 정도의 인건비를 받았습니다.

〈송환〉의 경우는 극장 외에도 전국의 각종 NGO 난체들을 찾아다니면서 공동체 상영을 했습니다. 정확한 액수는 아니지만, 〈송환〉의 경우 공동체 상영을 통해서 약 1억 정도의 수입이 있었고, 극장 개봉으로 약 9천만 원의 수익이 났던 걸로 알고 있습니다. 그 작품의 경우, 제작 기간만 해도 10년이 넘는 영화인데 얼마만큼 제작비가 회수될지는 잘 모르겠습니다. 〈영매〉의 경우도 케이블 판권 등을 팔아서 실제 수익을 냈던 것으로 알고 있습니다. 그러나 지금은, 특히 다큐멘터리 같은 경우에는 상영할 만한 매체가 없습니다. 케이블 텔레비전에서 잘 틀어주지도 않는 상황입니다. 그렇기 때문에 〈후회하지 않아〉, 〈송환〉, 〈사이에서〉처럼 주류 영화에서 손대지 않는 아이템이나 대중들의 흐름을 빨리 캐치하는 것도 한편으로는 굉장히 중요하다고 생각합니다. 주류 영화에서 볼 수 없는, 그렇지만 보고 싶은 어떤 것들을 독립 영화가 잡아내야 하는 거죠. 저는 독립 영화가 상업 영화 못지않게 재미도 있어야 하고, 동시에 상업 영화처럼 고정화된 장르적 형식들에서 자유로워야 한다고 생각합니다.

앞서 〈후회하지 않아〉의 배급과 관련해서 말씀을 드렸는데, 독립 영화는 극장을 잡기가 힘듭니다. 아트플러스 체인 같은 경우도 영화진흥위원회의 지원을 받거나 아니면 아트플러스 체인과 직접적으로 연결되어 있지 않으면 극장조차도 건지기 힘듭니다. 그렇기 때문에 독립 영화나 다양한 영화들이 상영될 수 있는 공간들이 다양한 방식으로, 많이 있어야 한다고 생각합니다. 그리고 다큐멘터리의 경우도, 외국에는 다큐멘터리 전용 극장이 많습니다. 일본만 해도 웬만한 지역에는 일 년 내내 다큐멘터리만 상영하는 극장이 있습니다. 우리나라도 이제 그럴 때가 되지 않았나 싶습니다. 한국에서도 다큐멘터리를 특화

시켜서 극장을 운영하려는 하이퍼텍 나다와 같은 시도들이 있습니다. 그런 것처럼, 좀 더 특화되고 다양한 상영 공간을 국가에서 정책적으로 지원해야 될 필요가 있는 것 같습니다.

좀 더 구체적으로, 독립 영화의 극장 개봉을 위한 좀 더 특화된 방식이 있을까요.

현재 예술 영화 전용관이라고 해서 체인들이 있습니다. 엄격히 따지면, 예술 영화 전용관 규정에는 독립 영화라는 단어가 들어 있지 않습니다. 그러나 독립 영화계에서는 독립 영화 전용관 이야기를 하거든요. 공무원과 같은 관료들이나 주류가 생각하는 예술 영화와, 독립 영화가 생각하는 예술 영화나 독립 영화의 개념이 다른 것 같습니다. 운영 주체의 문제이기도 한데, 어떤 문화 영역을 대표할 만한 그런 분들이 좀 주축이 돼서 작품을 섭외하고 기회를 만드는 것이 중요한 것 같습니다.

일본만 해도 극장들이 다 특색이 있습니다. 좌석 열 몇 개짜리나 이삼십 개짜리 극장에서 극장 프로그래머가 다큐멘터리를 틀고 싶으면 상영하는 거죠. 내가 어느 영화제에서 좋은 영화를 봤는데 그걸 개봉 상영한다든가, 아니면 국가에서 관리를 하지만 그런 프로그램을 운영할 수 있는 주체들에게 위탁한다든가 해서 그런 공간을 열어두는 방법도 있습니다. 기본적으로, 다양한 영화를 틀 수 있는 독립 영화 체인이나 예술 영화 체인 같은 것들이 더 많이 생겨야 하는 것은 맞는 것 같습니다. 지역 구민회관을 보면, 예산상으로 영화 상영료가 책정되어 있는데, 정작 그런 데에서 상영하는 영화를 보면 온통 상업 영화들이거든요. 그런 것도 독립 영화가 끼어들 수 있게 정책적으로 배려를 할 필요가 있다고 생각합니다. 일각에서 예술 영화 쿼터나 독립 영화 쿼터 얘기도 좀 하는데, 이런 것도 고민을 좀 해볼 필요가 있다고 생각합니다.

20년 후 교육방송에서 〈택시 블루스〉를 보다

> 마지막으로 늘 던지는 공통된 질문을 던지겠습니다. '영화란 무엇인가,' '이후에 어떤 감독으로 기억되고 싶은가,' '자신의 영화가 누구에게 가장 영향을 미치고, 어떤 관객에게 어필하고 싶은가.'

이 질문을 받았던 사람들이 얼마나 피곤했을까 싶은 생각이 드네요(웃음). 사실 많은 것을 기대하지 않더라도 이런 뜬금없고 포괄적인 질문들을 함으로써 아주 생생할 수도 있고 짧을 수도 있는 한 장면을 잡을 수 있다는 생각으로 이런 질문을 하기도 하는데, 영화란 무엇인가라는 질문은 세상이 무엇인가라는 질문과 똑같은 것 같습니다. 찍는 사람과 찍히는 사람이 있고, 찍히는 세상이 있는 거죠.

이어서 답변 드리자면, 예전에 생각했던 것만큼 영화는 큰 영향력을 미치지 못하는 것 같습니다. 좀 성의 없는 답변이 될 수도 있지만, 영화의 영향력이라든가 순기능에 대해서는 별로 그

렇게 신뢰하지 않고 있습니다(웃음). 20년 뒤에 〈택시 블루스〉
가 EBS 교육방송에서 상영된다면, 그때 그 관객들에게 어필하
고 싶습니다.